Denksport für Ältere

Denksport für Ältere

Karl Josef Klauer

Karl Josef Klauer

Denksport für Ältere

Geistig fit bleiben

4., überarbeitete Auflage

Univ.-Prof. (em.) Dr. Karl Josef Klauer
Robert-Stolz-Weg 15
42781 Haan
DEUTSCHLAND
E-Mail: klauerk@uni-duesseldorf.de

Bibliografische Information der Deutschen Nationalbibliothek
Die Deutsche Nationalbibliothek verzeichnet diese Publikation in der Deutschen Nationalbibliografie; detaillierte bibliografische Daten sind im Internet über http://www.dnb.de abrufbar.

Anregungen und Zuschriften bitte an:
Hogrefe AG
Lektorat Psychologie
Länggass-Strasse 76
CH-3000 Bern 9
Tel: +41 31 300 45 00
Fax: +41 31 300 45 93
E-Mail: verlag@hogrefe.ch
Internet: http://www.hogrefe.ch

Lektorat: Dr. Susanne Lauri
Lektorat: Gaby Burgermeister, Basel
Herstellung: Daniel Berger
Druckvorstufe: Claudia Wild, Konstanz
Umschlagbild: ChristopherAmes, by iStockphoto
Umschlaggestaltung: Claude Borer, Basel
Druck und buchbinderische Verarbeitung: Hubert & Co., Göttingen
Printed in Germany

4. Auflage 2016

(E-Book-ISBN_PDF 978-3-456-95599-5)
ISBN 978-3-456-85599-8

Vorwort

Das Training ist für jene Damen und Herren bestimmt, die schon etwas älter sind und geistig nicht einrosten wollen. Wenn man beruflich nicht oder nicht mehr gefordert ist, begegnen einem neue geistige Anforderungen immer seltener, die Herausforderungen nehmen ab und Routine beherrscht weitgehend den Alltag. Das sind alles gute Voraussetzungen, geistig nachzulassen. Ist man einigermaßen gesund, so empfiehlt es sich, einer solchen Entwicklung gegenzusteuern. Dazu soll das hier vorgelegte Trainingsprogramm eine Hilfe bieten.

Die Entwicklungs- und Erprobungsarbeit an diesem Programm zog sich rund zehn Jahre hin. Die Theorie der geistigen Prozesse, die den Arbeiten zugrunde liegt, ist verschiedentlich in wissenschaftlichen Publikationen veröffentlicht worden. Die psychologische Theorie, die Konzeptentwicklung und die Ergebnisse der wissenschaftlichen Erprobungen können in der Literatur nachgelesen werden, die am Ende des Trainingsprogramms dokumentiert ist.

An dieser Stelle gebührt vielen Personen besonderer Dank. Das Ministerium für Wissenschaft und Forschung des Landes Nordrhein-Westfalen hat die Entwicklung und Erprobung des Programms finanziell tatkräftig unterstützt. Viele Studierende der Psychologie und des Lehramts für die Sekundarstufe II haben – zumeist im Rahmen ihrer Diplom- oder Staatsexamensarbeit – an der Entwicklung und Erprobung des Programms mitgewirkt. Die meisten Grafiken hat Frau Gisela Pletschen einfühlsam erstellt. Ganz besonders dankbar soll auch der Senioren gedacht werden, die sich bereit erklärt haben, das Training zu erproben. Das geschah in Form von Trainingssitzungen in kleinen Gruppen, nicht selten im Rahmen des Seniorenstudiums oder in anderen Seniorengruppen. Ihnen allen sei herzlich gedankt.

Karl Josef Klauer

Hinweise für die Benutzer

Das Training ist darauf abgestellt, jene geistigen Prozesse besonders zu fördern, die im Alter nachlassen. Dass man vergesslicher wird und sich an manches schwerer erinnern kann, stellt man selbst leider immer wieder fest. Natürlich passiert das auch jüngeren Menschen, aber wenn es den älteren unterläuft, schiebt man es gerne auf das Alter.

Das Programm bietet vielfältige Gelegenheit, das Kurzzeit- und Langzeitgedächtnis zu trainieren, das Erlernen neuer Inhalte und das Erinnern zu üben. Wichtiger ist aber noch, dass es Gelegenheit bietet, Probleme zu lösen, Denkprozesse zu aktivieren, die zentral sind für die geistige Kompetenz und die im Alter vielfach – aber nicht immer – deutlich nachlassen. Leider bemerkt man das selbst nicht. Man merkt es allenfalls, wenn Aufgaben schwer erscheinen und wenn man geneigt ist, sich solcher Mühe gar nicht mehr zu unterziehen. Viele der Aufgaben des Programms sind deshalb so gehalten, dass sie doch etwas Spaß machen.

Man sollte möglichst regelmäßig mit dem Programm arbeiten, und zwar der Reihe nach. Es steckt ein System dahinter, das besser wirksam werden kann, wenn man nicht kreuz und quer vorgeht.

Weiterhin empfiehlt sich, nicht zu viele Aufgaben an einem Tag durchzuarbeiten. Etwa zehn Aufgaben an einem Tag sind wirklich genug. Man sollte auch nicht jeden Tag mit dem Programm arbeiten, sondern eine Pause von etwa zwei Tagen einlegen, ehe man weiterarbeitet. Mit der Zeit wird man dann im Alltag auf Aufgaben ähnlicher Art stoßen, was sehr reizvoll sein kann.

Die Lösung einer Aufgabe findet man im Lösungsteil des Buchs. Man kann die Lösung also nicht unbeabsichtigt sehen, aber sie steht zur Verfügung, um das eigene Ergebnis selbst kontrollieren zu können.

Aufgabe 1: Ein festlich gedeckter Tisch

Als Ihre Enkelin den wunderschön gedeckten Tisch fast fertig hatte, wurde sie gestört. Bevor Sie weitermachen, müssen Sie feststellen, was noch fehlt. Die Gedecke sind nummeriert, damit Sie angeben können, was wo fehlt.

Gedeck 1: ______________________ Gedeck 2: ______________________

Gedeck 3: ______________________ Gedeck 4: ______________________

Lösung siehe Seite 121

Aufgabe 2: Da stimmt was nicht!

Welcher der folgenden Körperteile passt nicht in die Aufzählung?
Und warum passt er wohl nicht dazu?

Herz

Lunge

Galle

Knie

Milz

Magen

Darm

Niere

Zu den andern passt ________________ nicht. Alle anderen sind nämlich ________________

____

» Lösung siehe Seite 121

Ein Tipp

Zahlen lernt man leichter, wenn man sie rhythmisiert. Die Telefonnummer

	453857
lernt sich leichter etwa so:	45 / 38 / 57
oder so:	4 – 5, 3 – 8, 5 – 7.

Lernen Sie jetzt gleich eine Telefonnummer auswendig, die Sie öfter brauchen, aber nicht im Kopf haben. Später werden Sie danach gefragt, ob Sie die Nummer noch präsent haben. Schreiben Sie hierhin die Telefonnummer, die Sie sich merken wollen:

____

Aufgabe 3:
Keine Angst vor Zahlen!

Auch Zahlen haben **Eigenschaften** oder **Merkmale**, zum Beispiel solche der Teilbarkeit. Hier geht es immer um **zwei** Eigenschaften oder Merkmale.

Alle Zahlen im Feld A sind teilbar durch 3 **und** durch 2.
Alle Zahlen im Feld F sind teilbar durch 5 **und** durch 6.

In einige dieser Felder kann die Zahl 12 eingesetzt werden. Welche sind es?

	Teilbar durch 3	Teilbar durch 4	Teilbar durch 5
Teilbar durch 2	A 6 24 18	B 16 8 24	C 30 10 20
Teilbar durch 6	D 18 6 24	E 24 48 36	F 30 120 60

Die Zahl 12 kann in die Felder ______________________ eingesetzt werden,

denn sie ist teilbar durch ______________________.

Warum kann sie nicht in die übrigen Felder eingesetzt werden?

Lösung siehe Seite 121

Wie war das noch mit der Telefonnummer? Haben Sie sich eine gemerkt? Wenn nicht, so holen Sie das bitte nach. Sie werden noch öfter danach gefragt werden.

Aufgabe 4:
Eine lockere Beziehung

Welche Beziehung besteht zwischen den Fahrzeugen?
Ersetzen Sie den Pfeil jedes Mal durch die entsprechenden Worte.

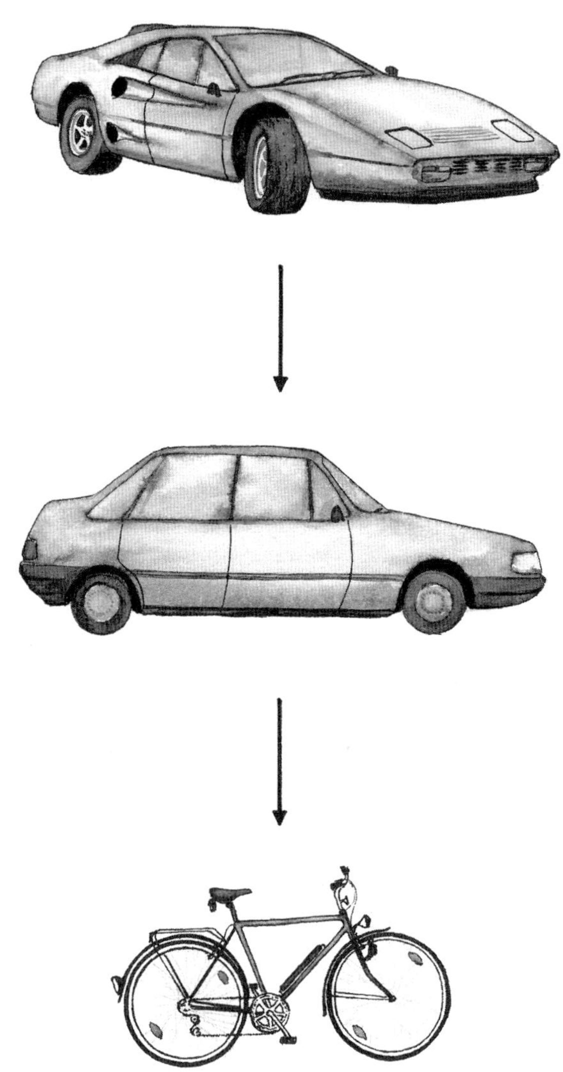

Von oben nach unten werden die Fahrzeuge immer ______________________________,

von unten nach oben immer ______________________________.

ODER:
Der Sportwagen ist ______________________________ als der Pkw,

der Pkw ist ______________________________ als das Fahrrad.

» Lösung siehe Seite 121

Aufgabe 5:
Ein Kinderspiel – aber aufgepasst!!!

Hier üben Sie Ihr Kurzzeitgedächtnis, das bei allen etwas anspruchsvolleren Leistungen beansprucht wird. Sie spielen mit Ihrem Enkel das Wortspiel «Wir machen eine Reise und packen ein …». Dabei muss der jeweils nächste Spieler alle schon eingepackten Sachen wiederholen und ein weiteres Stück hinzufügen. Einer hat einen Fehler gemacht – wo?

Wir machen eine Reise und packen ein …

1. *… – einen Mantel und eine Hose.*

2. *… – einen Mantel, eine Hose und ein Hemd.*

3. *… – einen Mantel, eine Hose, ein Hemd und zwei Unterhosen.*

4. *… – einen Mantel, eine Hose, ein Hemd, zwei Unterhosen und vier Paar Socken.*

5. *… – einen Mantel, eine Hose, ein Hemd, zwei Unterhosen, vier Paar Socken und einen Pullover.*

6. *… – einen Mantel, eine Hose, ein Hemd, zwei Unterhosen, vier Paar Socken, einen Pullover und ein Buch.*

7. *… – einen Mantel, eine Hose, ein Hemd, zwei Unterhosen, vier Paar Socken, einen Pullover, ein Buch und eine Zahnbürste.*

8. *… – einen Mantel, eine Hose, ein Hemd, zwei Unterhemden, vier Paar Socken, einen Pullover, ein Buch, eine Zahnbürste und eine Regenjacke.*

9. *… – einen Mantel, eine Hose, ein Hemd, zwei Unterhosen, vier Paar Socken, einen Pullover, ein Buch, eine Zahnbürste, eine Regenjacke und eine Badehose.*

10. *… – einen Mantel, eine Hose, ein Hemd, zwei Unterhosen, vier Paar Socken, einen Pullover, ein Buch, eine Zahnbürste, eine Regenjacke, eine Badehose und Turnschuhe.*

Antwort: Der Fehler steckt in Satz Nr. ______________________________.

Dort muss es heißen: ______________________________.

Lösung siehe Seite 121

Aufgabe 6:
Plan der Diätassistentin

Sie beginnen eine Diät. Nach welchem Plan ist diese Diät ausgearbeitet? Eine Regel ist in den Zeilen von links nach rechts versteckt, die andere in den Spalten, also von oben nach unten. (Die Bedeutung der Wörter «Zeile» und «Spalte» merken Sie sich am besten. Die kommen noch öfter vor.)

	morgens	mittags	abends
1. Tag	690 kcal	580 kcal	470 kcal
2. Tag	640 kcal	530 kcal	420 kcal
3. Tag	590 kcal	480 kcal	370 kcal
4. Tag	540 kcal	430 kcal	320 kcal
5. Tag	490 kcal	380 kcal	270 kcal

Zeilenregel:

Von links nach rechts werden es immer __________ kcal ______________________________.

Spaltenregel:
Von oben nach unten werden es immer __________ kcal ______________________________.

Lösung siehe Seite 121

Aufgabe 7:
Hier kommt zusammen, was zusammengehört ...

Welche drei Nahrungsmittel gehören zusammen und warum?

Das sind ____________________________, denn alle drei sind ________________________________.

» Lösung siehe Seite 121

Zahlen auswendig lernen

Telefonnummern, Geheimzahlen, Postleitzahlen, Geburtsdaten sollten wir auswendig wissen, obwohl Zahlen relativ schwer zu behalten sind. Neben dem Rhythmisieren gibt es noch einige andere Tricks. Beispiel: Da es nur zehn Ziffern gibt, kommen unvermeidlich des Öfteren typische Muster vor, die leichter zu behalten sind, wenn man sie vorher bemerkt. Entdecken Sie hier einige Möglichkeiten:

7869 – die Ziffern 6, 7, 8, 9 nur umsortiert
69312 – Reihe mit 3 umsortiert
1003 – Mein Geburtstag am 10. März
9270 – 9.270 Quersumme 2 x 9
51551 – 51.5.51 Wiederholungen

24860 – Reihe mit 2 leicht umsortiert
99432 – zweimal die 9, ab 4 rückwärts
72.28.65 – Quersumme 9, 10, 11
615243 – 61.52.43 auf- und absteigend
16494 – 16. April 1994

Hier einige Zahlen, die mit Zufallsgenerator der Reihe nach erzeugt sind. Das sind also echte Zufallszahlen. Finden Sie selbst Zusammenhänge sogar dort.

73674	**74402**	**33632**	**91599**
29385	**70498**	**36951**	**95920**

Aufgabe 8:
Lasst Blumen sprechen

Sie haben einen Blumenstrauß bestellt. Als Sie ihn abholen, stellen Sie fest, dass die Floristin eine Blume in den Strauß gebunden hat, die das Arrangement stört. Welche ist es? Und geht es um eine Eigenschaft oder um eine Beziehung?

›› Lösung siehe Seite 122

Aufgabe 9:
Können Sie die Zitate einordnen?

Unten stehen ziemlich bekannte Sprüche, und die sollen Sie in das darüber stehende Schema einordnen. Es genügt, wenn Sie die Nummer eines jeden Zitats in das passende Feld schreiben.
Ein Tipp: Versuchen Sie zuerst, den Autor zu erinnern. Dann ist die Einordnung viel leichter.

	Altertum	**klassische Epoche**	**19./20. Jahrhundert**
aus Deutschland			
aus einem anderen Land			

1) *Edel sei der Mensch, hilfreich und gut.*
2) *Weil, so schließt er messerscharf, nicht sein kann, was nicht sein darf.*
3) *Du sollst dem Ochsen, der da drischt, nicht das Maul verbinden.*
4) *Viel Lärm um nichts.*
5) *Schnell fertig ist die Jugend mit dem Wort.*
6) *Der Geist ist willig, aber das Fleisch ist schwach.*
7) *Schwachheit, dein Name ist Weib!*
8) *Der Wahn ist kurz, die Reu' ist lang.*
9) *Geld stinkt nicht.*
10) *Wenn ihr's nicht fühlt, ihr werdet's nicht erjagen.*
11) *Eigentum ist Diebstahl.*
12) *Ich weiß nicht, was soll es bedeuten, dass ich so traurig bin.*
13) *Wer Sorgen hat, hat auch Likör.*
14) *Mit der Dummheit kämpfen Götter selbst vergebens.*
15) *Doch die Verhältnisse, sie sind nicht so.*
16) *Lasst wohlbeleibte Männer um mich sein, mit glatten Köpfen, und die nachts gut schlafen!*

Lösung siehe Seite 122

Zusatzaufgabe zur Aufgabe 8: Versuchen Sie bitte, gemeinsame Anforderungen der Aufgaben 1 und 9 festzustellen.

Wissen Sie noch die Telefonnummer von Aufgabe 2 auswendig?

Aufgabe 10:
Eine Knobelaufgabe – oder kinderleicht?

In der Zahlenpyramide stehen schon drei Rechnungen an der richtigen Stelle. Wie viele Rechnungen fehlen noch dazwischen? Ergänzen Sie sie bitte. Ob Sie das wohl auch ohne Taschenrechner schaffen? Vielleicht sogar ohne überhaupt zu rechnen?

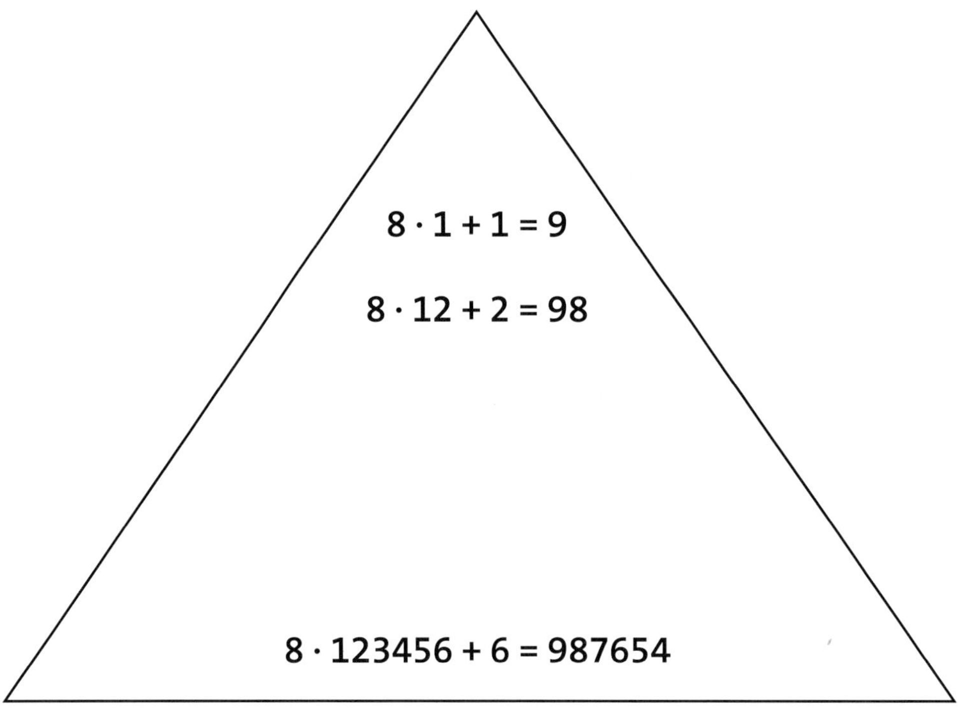

Lösung siehe Seite 122

Aufgabe 11: Von Pfeilen, die in die Irre weisen

Nach welchem Prinzip sind die drei Reihen aufgebaut? In einer der Reihen stimmt was nicht. Finden Sie es heraus?

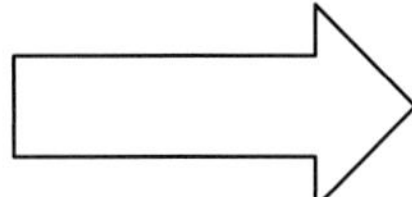
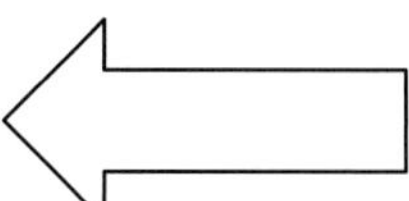
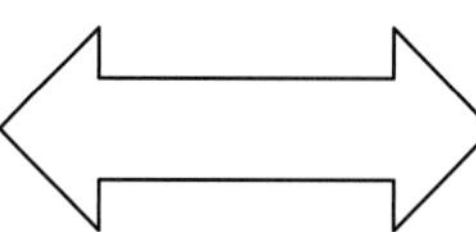

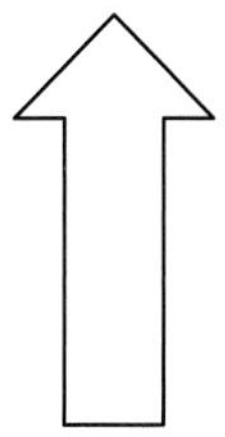
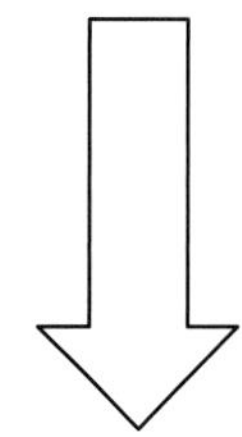
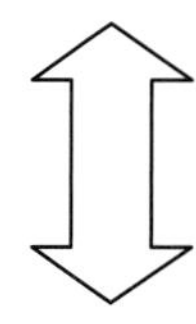

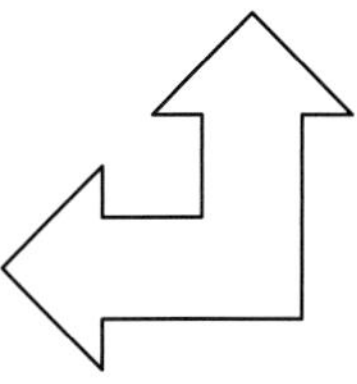
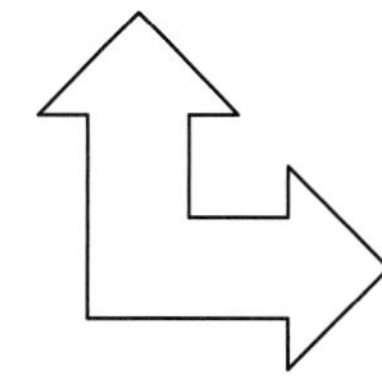
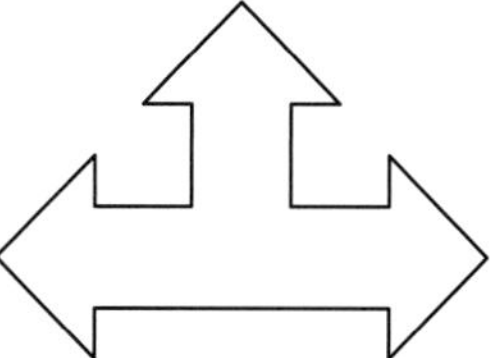

Das Bauprinzip ____

Der Fehler steckt in Reihe ________, denn ___________________________

Lösung siehe Seite 122

Testen Sie Ihre Merkfähigkeit

Wie war das noch mit der Telefonnummer von Aufgabe 2? Bitte schreiben Sie sie hierher, ohne nachzuschlagen: ___________________________.

Warum sind diese Autokennzeichen leicht zu merken?
B-IN 765 (*Tipp:* BerlIN oder BIN 765 – Zahlenreihe rückwärts)
M-AU 123 (*Tipp:* München oder MAU 123 – Zahlenreihe vorwärts)
H-B 888 (*Tipp:* Hab dreimal acht oder Hansestadt Bremen: acht, acht, acht)
Bitte prägen Sie sich diese drei Autokennzeichen ein.

Aufgabe 12:
Drei Gemeinsamkeiten gesucht

Hier sind 16 Wörter alphabetisch angeordnet. Welche *drei* Eigenschaften haben 15 dieser Ausdrücke gemeinsam? Und welcher Begriff gehört nicht dazu, weil er nicht alle drei Eigenschaften teilt?

Rebellion	**Reinkarnation**
Reduktion	**Rekonstruktion**
Reflexion	**Rekonvaleszenz**
Reform	**Rekreation**
Refraktion	**Relegation**
Regeneration	**Republik**
Regression	**Resektion**
Rehabilitation	**Revolution**

Eigenschaft 1 ____________________ Eigenschaft 2 ____________________

Eigenschaft 3 ____________________ Nicht dazu gehört ____________________,

denn ____.

⏩ Lösung siehe Seite 123

Aufgabe 13: Gegensätze – paarweise

Es gibt verschiedene Arten von Gegensätzen. Sie kennen eine ganze Menge von Wortpaaren, die irgendeinen Gegensatz ausdrücken, wie zum Beispiel *jung – alt*, *Vater – Mutter* oder *Freude – Trauer*. Es folgt nun immer der erste Teil eines Gegensatzpaares, und Sie sollen den zweiten Teil ergänzen.

Anfang – ____________	**Morgen –** ____________	**schnell –** ____________
Spiel – ____________	**Start –** ____________	**erdichtet –** ____________
Grund – ____________	**Ursache –** ____________	**modern –** ____________
Hoffnung – ____________	**Anstieg –** ____________	**finden –** ____________
Kopie – ____________	**Bassist –** ____________	**allgemein –** ____________
Überfluss – ____________	**Chaos –** ____________	**mindestens –** ____________

Zusatzaufgabe

Ein Blick zurück – ohne Zorn

Blättern Sie doch bitte einmal zurück. Bei welchen der ersten zwölf Aufgaben ging es ebenfalls darum, Merkmale (oder Eigenschaften) von Dingen zu beachten? Und bei welchen Aufgaben waren Beziehungen zwischen den Dingen zu erkennen?
Merkmalsaufgaben ____________________________
Beziehungsaufgaben ____________________________

Das Herausheben von Merkmalen erfordert abstraktes Denken. Beziehungen zwischen Objekten zu erkennen erfordert ebenfalls abstraktes Denken. Das gilt selbst dann, wenn man es in beiden Fällen mit konkreten Dingen zu tun hat. Im Alter wird abstraktes Denken nicht mehr so oft gefordert und lässt deshalb nach, auch wenn man es nicht so merkt. Ein Training ist daher wichtig.

» Lösung siehe Seite 123

Und wie hießen die Autokennzeichen von Aufgabe 11?

B ____________________________

M ____________________________

H ____________________________

Aufgabe 14: Telefonnummern – aber nicht zum Auswendiglernen

Frau Schmidt hat sich für den Urlaub die Telefonnummern ihrer Nachbarn aufgeschrieben, die schon viele Jahre dort wohnen. Eine ist nicht ganz richtig. Welche ist es?

a) 0241194593

b) 0241155275

c) 0241174114

d) 0245155028

e) 0241114847

f) 0241153511

g) 0241162597

Frau Schmidt hat sich geirrt bei der Nummer ______________________________.

Zusatzaufgabe

Worauf kam es an, auf die Beachtung der Eigenschaften der Telefonnummern oder auf die Beziehungen zwischen ihnen? Auf Seite 123 finden Sie die Antwort auf diese Zusatzfrage.

⏩ Lösung siehe Seite 123

Übrigens: Wissen Sie noch die Telefonnummer auswendig, die Sie sich merken sollten?

Schreiben Sie die Nummer bitte hierher und vergleichen Sie mit Aufgabe 2: ____________________.

Aufgabe 15:
Etwas für Hundeliebhaber

Hier sind einige Hunderassen aufgeführt, die in die Tabelle eingeordnet werden sollen.

Rehpinscher **Cockerspaniel** **Bernhardiner**

Langhaardackel **Dogge** **Boxer**

Körpergröße	welliges Haar	glattes Haar
groß		
mittel		
klein		

Zusatzaufgabe

Vergleichen Sie bitte Aufgabe 15 mit den Aufgaben 6 und 9. Alle drei Aufgaben sind in Form von Tabellen gehalten. Dennoch unterscheidet sich eine von den beiden anderen. Der Unterschied ist aber nicht so offensichtlich, da es sich in einem Fall um Zahlen handelt. Versuchen Sie, einen wichtigeren und verdeckteren Unterschied zu finden.

Lösung siehe Seite 123

Können Sie die drei Autokennzeichen noch wiedergeben, ohne nach Seite 17 zurückzuschauen?

___

___

___

Aufgabe 16: Mutter hilft Tochter

Frau Baruch hilft regelmäßig ihrer Tochter in der Konditorei aus. Sie hat sich die Termine notiert, an denen sie im August helfen soll. Dabei ist ihr allerdings ein Fehler unterlaufen. Finden Sie ihn heraus?

1. August

5. August

8. August

12. August

15. August

19. August

22. August

25. August

29. August

Statt ____________________ August muss es heißen ________________________________ August.

Und wieso? ____

Zusatzaufgabe

Ist hier auf Merkmale oder auf Beziehungen zu achten?

Antwort: ____

Lösung siehe Seite 124

Aufgabe 17: Hier dürfen Sie Mikado spielen

In welcher Reihenfolge muss man die Mikadostäbchen anheben, damit keines wackelt?

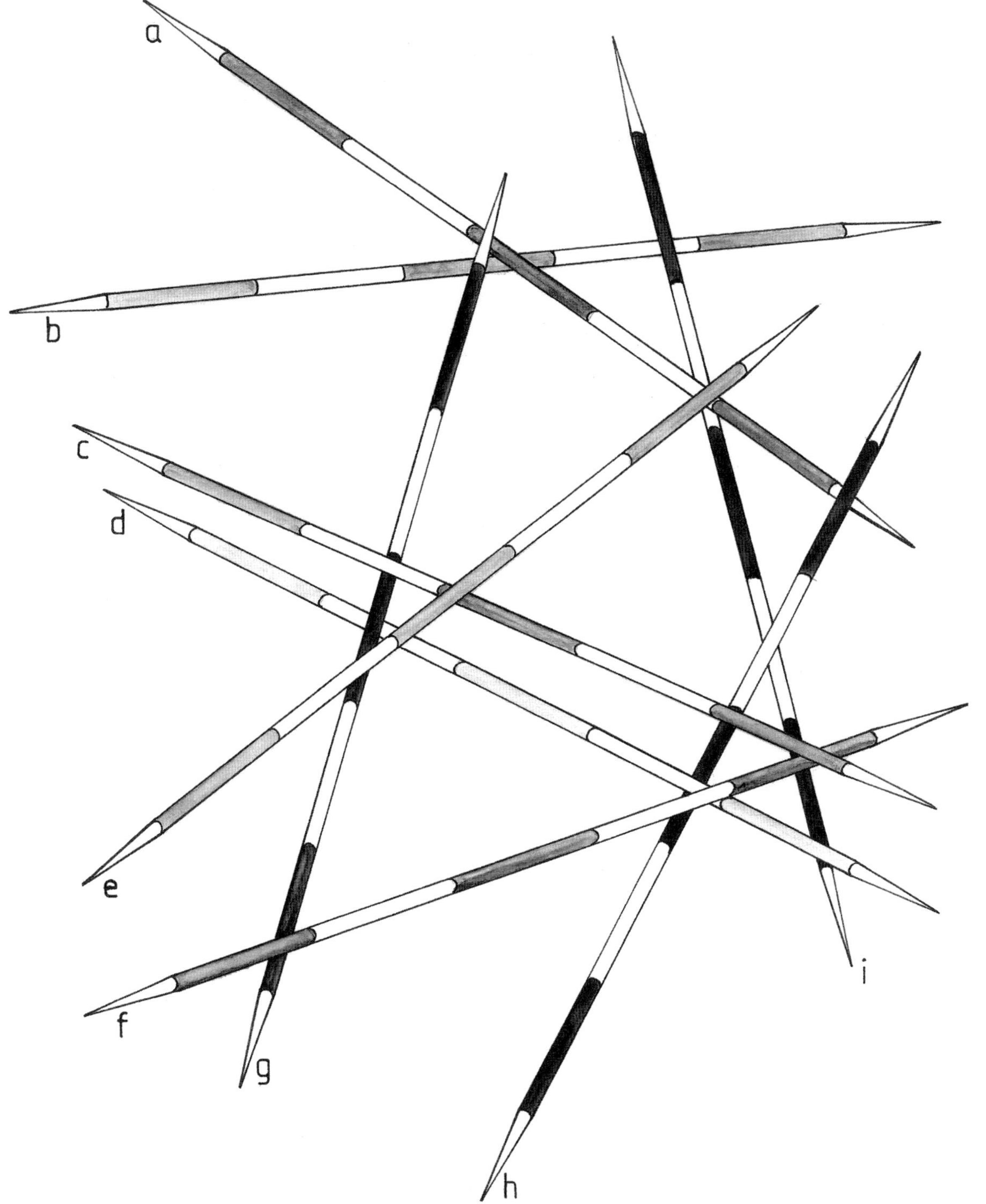

Schreiben Sie die Buchstaben in der richtigen Reihenfolge hin: ______________________.

Lösung siehe Seite 124

Aufgabe 18:
Aus der Volkshochschule

Neun Kurse werden auf einem Plakat angeboten. Können Sie die Fragezeichen für die Zeilen und Spalten ersetzen? Diese Aufgabe ist wirklich nicht einfach.

	?	?	?
?	Töpfern 1 6 Abende	Englisch für Anfänger 8 Abende	Einführung in die Hydrokultur 11 Termine
?	Rhetorik für Fortgeschrittene 6 Abende	Batiken II 9 Abende	Buchhaltung – Aufbaukurs – 10 Vormittage
?	Internet Providing Kurs III 5 Abende	Selbstverteidigung (Voraussetzung Kurs I und II) 9 Abende	Autogenes Training für zukünftige Kursleiter 12 Termine

Schreiben Sie Ihre Lösung direkt in die Felder ein.

▸▸ Lösung siehe Seite 124

Schreiben Sie bitte hierher die Adresse von lieben Bekannten oder Verwandten, die Sie nicht auswendig kennen. Sie sollten die Adresse danach auswendig lernen.

Vor- und Zuname: ______________________________

Straße und Hausnummer: ______________________________

Postleitzahl und Ort: ______________________________

Aufgabe 19: Reisen bildet?

Ein Reisebüro hat folgende Städtereisen im Angebot:

Frühjahr: Bern, Wien, Budapest
Sommer: London, Amsterdam, Danzig, Hamburg
Herbst: Neapel, Tirana, Ankara

Auch für das nächste Jahr steht das Angebot schon fest. Es ist nach dem gleichen Prinzip zusammengestellt.

Welche der unten aufgezählten Städtetouren kommen nur infrage? Wann finden sie jeweils statt? Tragen Sie die Nummer der Reise auf den Linien ein.

1. **Oslo Helsinki Stockholm**
2. **Danzig Berlin Rom**
3. **Tirana Genf Wien**
4. **Brüssel Berlin Warschau**
5. **Mailand Belgrad Bukarest**
6. **London München Neapel**

Frühjahr: ____________________

Sommer: ____________________

Herbst: ____________________

▸▸ Lösung siehe Seite 124

Aufgabe 20:
Und jetzt eine wirklich verzwickte Knobelei

Fünf etwas ältere Freundinnen besuchen Paris. Frau Ehlert schreibt ihrer Schwester, die sie schon seit Längerem nicht gesehen hat, eine Ansichtskarte.

Liebe Emma,

wir genießen unsere Reise sehr, obwohl wir ja nicht mehr die Jüngsten sind: Eine ist schon 70, eine 68, und unsere «Nesthäkchen» sind 63 und 62. Heute, am vorletzten Tag unseres Aufenthalts, trennten wir uns, damit jede auf eigene Faust was unternehmen kann. Nur ich bleibe im Hotel und schreibe Karten.
Erna ist in den Louvre, unsere 63-Jährige fuhr nach Montmartre, Elvira hat heute Geburtstag und besucht deshalb Notre Dame, Ingeborg ist mit 70 die Älteste, und Elvira ist nicht unsere Jüngste. Nur eine besucht den Eiffelturm. Übrigens fühlt sich Thea nicht ganz wohl heute, aber das hält sie nicht ab, was zu unternehmen.

Viele liebe Grüße,
Josefine

Der Bericht ist ja vielleicht etwas konfus, aber Sie können trotzdem herausfinden, wie alt jede der vier Damen ist und wohin sich jede begeben hat. Versuchen Sie es unbedingt, es geht.

Erna ist ____________ Jahre und heute ______________________________________

Ingeborg ist _________ Jahre und heute ______________________________________

Elvira ist ___________ Jahre und heute ______________________________________

Thea ist ____________ Jahre und heute ______________________________________

▸▸ Lösung siehe Seite 125

Was in diesem Training geübt werden soll

Die Aufgabe 20 unterscheidet sich in einem wichtigen Punkt von allen Aufgaben vorher, denn sie erfordert eine besondere Art des Denkens. Bei den Denkaufgaben vorher liegen alle Informationen offen zutage, und es geht nur darum, Zusammenhänge herzustellen oder zu erkennen oder sich etwas zu merken oder etwas zu erinnern. Aufgabe 20 enthält zwar, wie man nachträglich feststellen kann, ebenfalls alle Informationen, aber nicht offen, sondern versteckt. Einen Teil der Informationen muss man erst anhand anderer Informationen erschließen. Es handelt sich hier um eine spezielle Form des *deduktiven* Denkens. Dabei geht es darum, aufgrund gegebener Informationen eine neue Information *logisch zwingend* herzuleiten.

Die anderen Aufgaben (soweit es nicht um Gedächtnistraining geht) erfordern *induktives* Denken. Dabei geht es darum, *Regelhaftigkeiten* oder *Gesetzmäßigkeiten* oder *Zusammenhänge* zu erkennen. In allen diesen Fällen muss eine vorhandene Systematik entdeckt oder angewandt werden. Das geschieht am einfachsten, indem man nach *Gemeinsamkeiten* sucht. Wenn man bemerkt, in welcher Hinsicht Dinge *gleich* oder *verschieden* sind, ist man bei induktiven Aufgaben auf dem besten Weg zur Lösung. Gleichheit oder Verschiedenheit kann Merkmale (Eigenschaften) von Objekten betreffen oder Beziehungen zwischen Objekten.

Induktive *Schlüsse* stellen einen Spezialfall des induktiven *Denkens* dar. Dabei wird aufgrund einzelner Beispiele auf *alle* Fälle geschlossen, und diese Art der Verallgemeinerung geht oft daneben. Wenn man etwa zwei oder drei junge Leute mit Tätowierungen gesehen hat, die als Rabauken aufgefallen sind, so wäre es ein induktiver Schluss anzunehmen, alle tätowierten Jugendlichen seien Rabauken. Wir haben es in diesem Training *nicht* mit induktivem *Schließen* zu tun, sondern mit induktivem *Denken*. Dabei wird nicht verallgemeinert. Es wird nur die besondere Gesetzmäßigkeit oder Systematik erkannt, die im konkreten Fall vorliegt.

Aufgabe 21:
Wie die Faust aufs Auge?

Eines passt nicht zu den anderen. Welches Werkzeug ist es und warum?
ACHTUNG: Die Aufgabe ist nicht leicht.

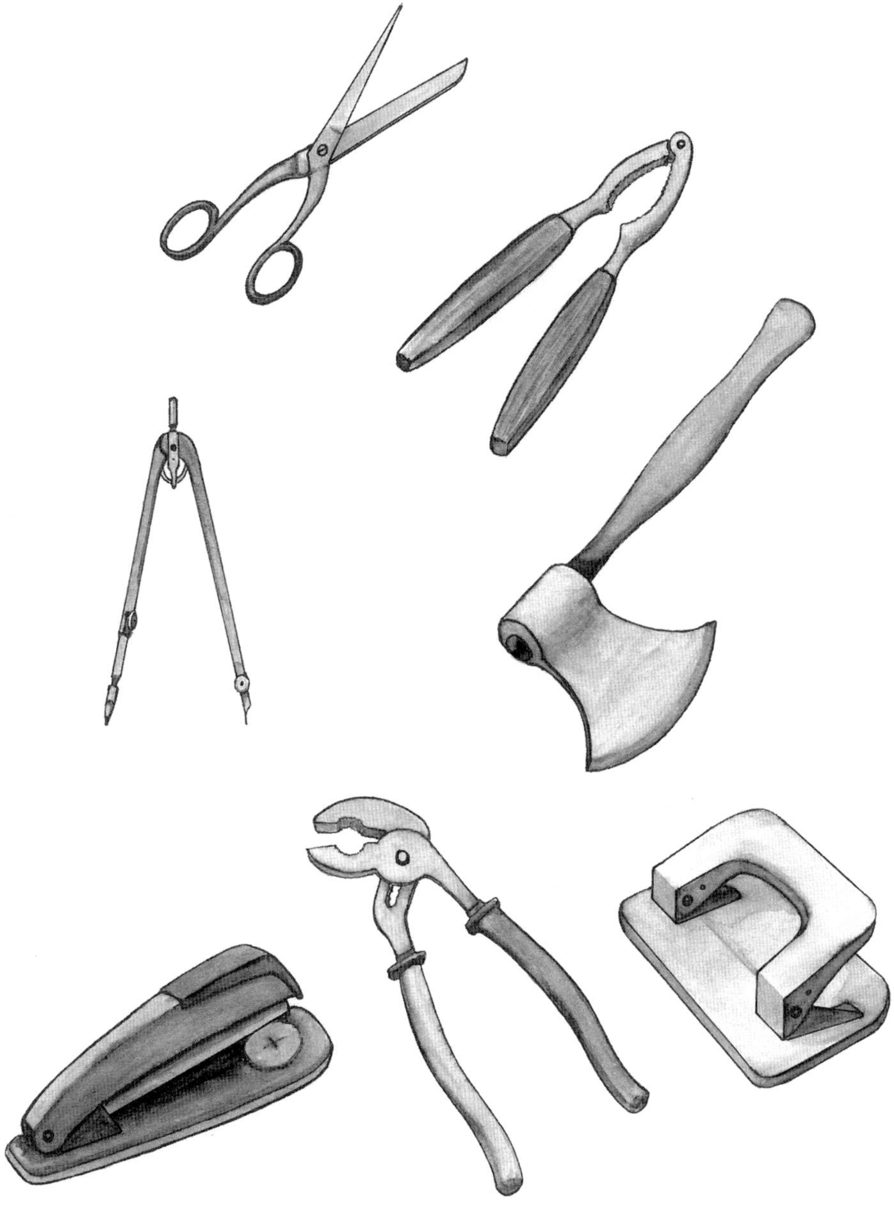

Zu den andern passt nicht ______________________________, weil ________________________________.

Zusatzaufgabe

Kam es bei dieser induktiven Aufgabe darauf an, auf gemeinsame Merkmale oder auf gemeinsame Beziehungen zu achten?

» Lösung siehe Seite 125

Aufgabe 22: Briefmarken sammeln

Frau Beckums Enkel sammelt Briefmarken. Auf der linken Seite des Albums hat er neun nach einem bestimmten System eingeklebt. Wie sind dem entsprechend die vier restlichen Marken auf der leeren Seite anzuordnen? Oben, Mitte, unten – links, in der Mitte, rechts?

A B C D

A gehört nach ______________________ B nach ______________________

C nach ______________________ D nach ______________________

Zusatzaufgabe

Suchen Sie mindestens zwei Aufgaben, die Sie schon gelöst haben und die im Grunde nach dem gleichen Schema zu lösen sind.

▸▸ Lösung siehe Seite 125

Aufgabe 23: Mathe – auch was für Nichtmathematiker?

Versuchen Sie, die folgende Formelreihe zu vervollständigen.

76 + 5x – 4

65 + 4x – 3

54 + 3x – 2

43 + 2x – 1

__ + _x – __

Zusatzaufgabe

Es gab schon einmal eine ähnliche Aufgabe. Können Sie feststellen, welche das war?

Das war Aufgabe Nr. ______________________________________.

Lösung siehe Seite 126

Aufgabe 24 – Erster Teil: Trainieren Sie Ihr Kurzzeitgedächtnis

Bitte prägen Sie sich genau ein, was hier abgebildet ist. Auf der nächsten Seite erscheinen die Abbildungen alle wieder – aber in einer anderen Anordnung. Außerdem kommen auf der nächsten Seite *zwei* Dinge hinzu, *und die sollen Sie feststellen.*

Bitte überlegen Sie sich eine Art und Weise, wie Sie die Aufgabe am besten angehen. So wäre möglich, sich eine Geschichte auszudenken, in der alle Gegenstände vorkommen. Oder Sie können Gruppen von Gegenständen bilden und sich jede einzelne Gruppe genau merken. Vielleicht finden Sie auch eine noch bessere Strategie.

Lösung siehe Seite 126

Aufgabe 24 – Zweiter Teil:
Versuchen Sie, sich präzise zu erinnern

Was ist neu hinzugekommen?

Neu hinzugekommen sind ______________________________

›› Lösung siehe Seite 126

Aufgabe 25: Backe, backe Kuchen ...

Im Rezept für eine Biskuitrolle ist ein Fehler in der Handlungsabfolge unterlaufen. Stellen Sie fest, wo. Dazu brauchen Sie Ihr Gedächtnis und etwas Grips.

1) *Backofen auf 180 Grad vorheizen*
2) *4 Eier trennen*
3) *4 Eigelb und 4 Esslöffel kaltes Wasser schaumig rühren*
4) *120 g Zucker dazugeben*
5) *4 Eiweiß und 2 Esslöffel Zucker steif schlagen*
6) *Geschlagenes Eiweiß unter den Teig ziehen*
7) *50 g Kakao, 70 g Mehl und 1 Teelöffel Backpulver mischen*
8) *Gemisch unter das schaumige Eigelb rühren*
9) *15 Minuten bei 180 Grad backen*
10) *gleichmäßig auf einem gefetteten Backblech verteilen*
11) *auf ein feuchtes mit Zucker bestreutes Handtuch stürzen und vorsichtig rollen*
12) *nach wenigen Minuten aufrollen und mit Marmelade bestreichen*

Der Fehler liegt bei ________, denn ____

▸▸ Lösung siehe Seite 126

Erinnern Sie sich ...

Wie lautete die Telefonnummer von Aufgabe 2? ______________________________

Und die drei Autokennzeichen von Aufgabe 11?

Auto aus Berlin ______________________________

Auto aus München ______________________________

Auto aus Bremen ______________________________

Aufgabe 26: Wenn die Preise davonlaufen

Frau Schulze hat die Preisentwicklung von vier verschiedenen Hautcremes einer Firma über fünf Jahre hinweg verfolgt und dabei regelmäßige Änderungen festgestellt. Leider sind ein paar Aufzeichnungen unleserlich geworden. Was kostete Creme A in den letzten Jahren und wie teuer sind die verschiedenen Cremes dieses Jahr?

	vor vier Jahren	vor drei Jahren	vor zwei Jahren	vor einem Jahr	dieses Jahr
Creme A	__ Euro	30 Euro	__ Euro	__ Euro	__ Euro
Creme B	19 Euro	21 Euro	25 Euro	31 Euro	__ Euro
Creme C	13 Euro	15 Euro	19 Euro	25 Euro	__ Euro
Creme D	10 Euro	12 Euro	16 Euro	22 Euro	__ Euro

▸▸ Lösung siehe Seite 126

Namen behalten

Namen von Personen haben oft etwas zu bedeuten, auch wenn man an die Bedeutung zunächst gar nicht denkt. Aber es hilft, wenn man in Gedanken den Träger des Namens mit der Bedeutung in Verbindung bringt. Beispiel: Frau *Becker*, sie bäckt gerade Brot. Herr Schneider und Frau Gerber – das ist doch einfach, oder? Wie steht es aber mit Frau Schiefbahn und Herrn Kornmann?

Aufgabe 27:
Und nun kommt's biologisch

Studieren Sie bitte den Stammbaum.

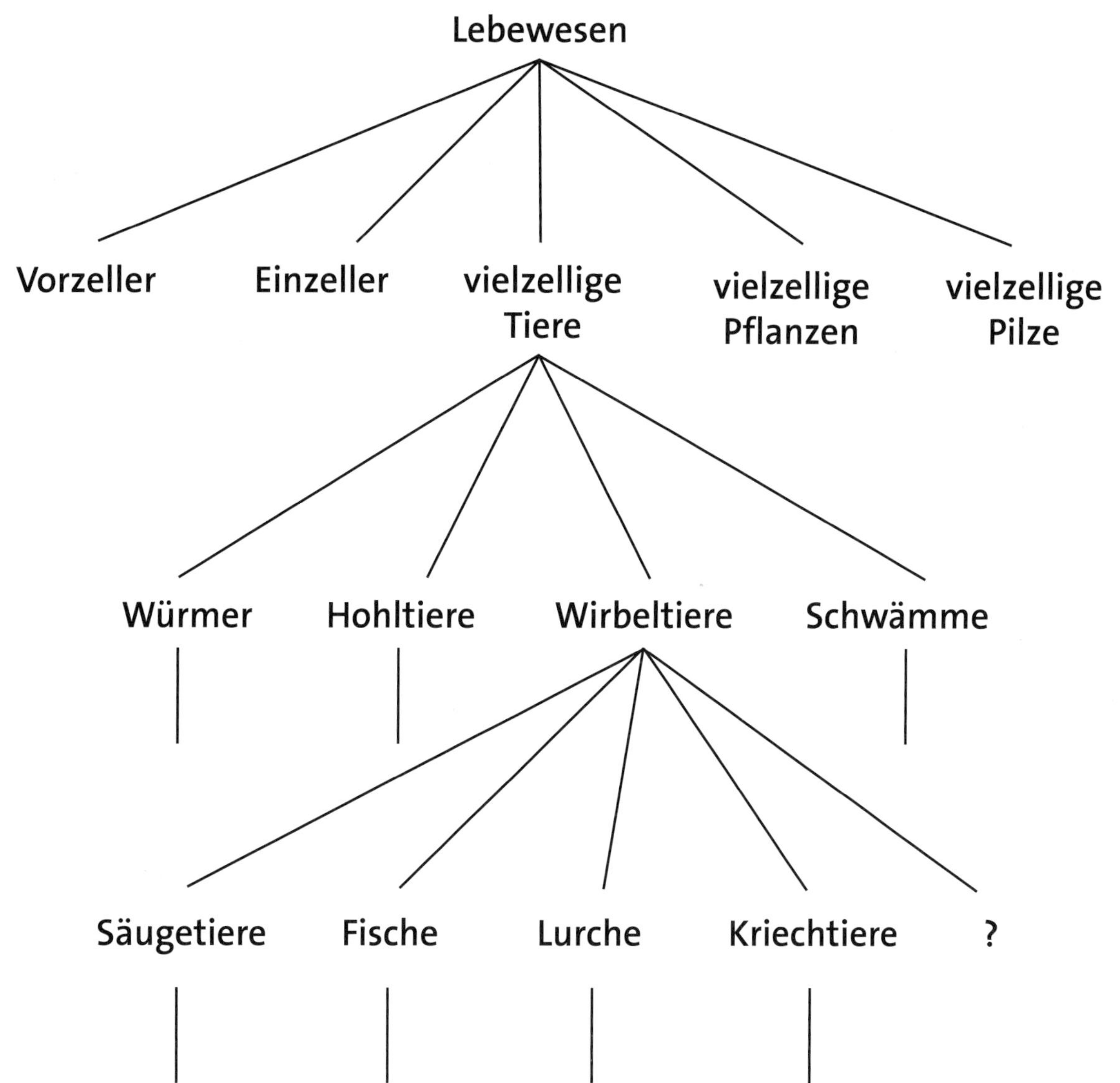

Tragen Sie bitte folgende Tierarten richtig ein:

Bandwurm **Vogel** **Eidechse** **Pferd**

▸▸ Lösung siehe Seite 126

Aufgabe 28: Zur Abwechslung mal wieder was zum Knobeln

Hier zwei Aufgaben mit möglichen Lösungen, von denen Sie jeweils bitte nur eine ankreuzen. Aber Vorsicht: So ganz einfach sind die Aufgaben nicht. Lassen Sie sich Zeit.

Erste Aufgabe

Familie Frei ist in Urlaub gefahren. Ihre Nachbarin, Frau Helf, hat versprochen, die Blumen zu gießen. Es steht fest:

Wenn Frau Helf die Blumen gegossen hat, dann sind sie nicht vertrocknet. Die Blumen sind nicht vertrocknet.

Welcher Schluss kann aus diesen Informationen gezogen werden? Markieren Sie die richtige Antwort.

a) Frau Helf hat die Blumen gegossen.
b) Frau Helf hat die Blumen nicht gegossen.
c) Keiner dieser Schlüsse ist möglich.

Zweite Aufgabe

Bauer Huber liest die Gebrauchsanweisung für die Schädlingsbekämpfungsmittel Krabbelzid und Insektokill. Es heißt dort:

Wenn Krabbelzid gespritzt wurde, dann darf Insektokill nicht verwendet werden. Bauer Huber hat kein Krabbelzid gespritzt.

Welchen Schluss kann Bauer Huber ziehen? Bitte markieren Sie die richtige Antwort.

a) Bauer Huber darf Insektokill einsetzen.
b) Er darf Insektokill nicht einsetzen.
c) Keiner dieser Schlüsse ist zulässig.

▸▸ Lösung siehe Seite 127

Aufgabe 29:
Ein Märchen – mit Tücken weil mit Lücken

Bitte füllen Sie die Lücken aus, sodass ein richtiger Märchentext entsteht. Hier geht es weder um induktives noch um deduktives Denken. Sie brauchen dazu nur Ihr Kurzzeitgedächtnis sowie Ihr Sprachgefühl für richtige deutsche Sätze. *Jedes zweite Wort ist unvollständig*, und Sie sollen es richtig ergänzen. So ganz leicht ist das dann doch nicht. Vielleicht nehmen Sie einen Bleistift, um noch radieren zu können.

Der Wesir und die Kinder

In sehr alten Zeiten lebte einst ein Padischah, der hatte einen Wesir. Ein __________ erzürnte s ______ der Padi ______ über i ______, nahm i ______ alles Vi ____ ab, d _______ jener, wäh ______ er i ___ seinen Dien ____ gestanden ha _______, an s ________ gebracht ha ______, und ja ______ ihn a ______ und da ____. Lange Z ____ fand d _____ Wesir ke _____ neue Auf ________ und bekl _______ sich bit _______, weil e _____ keine Geleg ______ hatte, s _____ in d ______ Augen sei _____ Gebieters z _______ rechtfertigen. Ei _______ Tages, a ______ er ziel ______ einher schle ______, lenkten e ________ paar Kin _____ se ______ Aufm ______ auf s ______. Sie spie ______ Padi ________ und We _______.

«Du bi ______ ein schlec ______ Wesir», sa _______ der Kn ________, der d _______ Padi ______ spielte, «i ____ nehme d ______ dein Vi ___ weg u ______ jage di ______ auf u ______ davon.» Erwi ______ der Kn ______, der d ______ Wesir spi ________: «Oh me ______ Padischah, e ________ Tyrann ka _________ seinem Unte _______ jede Unger ______ widerfahren las ______.» «Nein», entge _____ der Kn _________, der d ______ Padischah spi _____, «ich b _____ kein Tyr ______, sondern e ______ gerechter Herr _______.»

«So ni ___ denn m __ Vieh», sa ____ der Kna ____, der d ___ We ____ spielte, «ab ___ gib m ___ die Gesun _____ zurück, d ___ ich in dei ____ Diensten einge ____ habe …»

Als der Wesir diese Worte vernahm, dachte er bei sich: Das hätte auch ich meinem Padischah sagen müssen. Die Kinder haben offensichtlich mehr Verstand als ich. Nach Hause zurückgekehrt, setzte er sich hin und schrieb einen Brief an den Padischah.

Anfang eines turkmenischen Volksmärchens.

⏩ Lösung siehe Seite 127

Aufgabe 30: Den Störenfried ausfindig machen

Eine Zahl stört die Reihenfolge. Welche ist es und warum?

44 48 24 28 14 20 9

⏩ Lösung siehe Seite 127

Aufgabe 31: Auch hier ist ein Störenfried zu entdecken

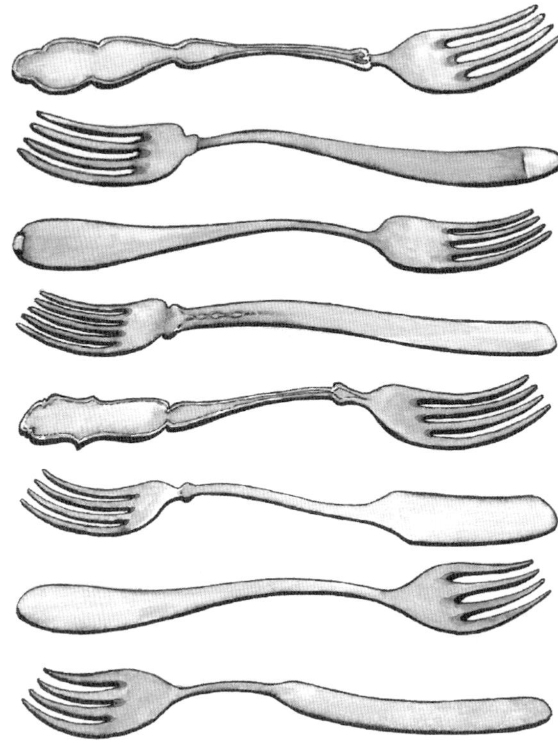

Es passt nicht die _____ Gabel von oben, denn sie ______________________________

Zusatzaufgabe

Vergleichen Sie bitte die Aufgaben Nr. 30 und Nr. 31 miteinander. Im einen Fall geht es zwar um Wörter, im anderen um Dinge. Davon abgesehen: Was haben beide Aufgaben gemeinsam, und worin unterscheiden sie sich sonst noch? Auf Seite 128 finden Sie die Lösung hierzu.

⏩ Lösung siehe Seite 127/128

Aufgabe 32:
Zur Aushilfe im Buchladen

Bücher sollen nach dem Inhalt auf fünf Pakete verteilt werden.
Die ersten Bücher sind schon aufgeteilt.

R. Karbe: Anders reisen – Sizilien	Thomas Mann: Die Buddenbrooks Margret Mitchell: Vom Winde verweht
Agatha Christie: Ruhe unsanft	Michael Gorbatschow: Perestroika
Dr. Oetker: Kochen für Zwei	

Wohin gehören folgende Bücher? Tragen Sie die Ziffern in die schon angefangenen Pakete ein. Und wie könnten die Pakete heißen?

1 Franz Alt: Friede ist möglich

2 G. Konz: Ganz legale Steuertricks

3 Dumont: Südafrika

4 Boris Pasternak: Dr. Schiwago

5 W. B. Wange: Radwandern in Deutschland

6 Günther Grass: Die Blechtrommel

7 P. Saupe: Großes Buch der Zimmer- und Balkonpflanzen

8 H. Strelock: Ägypten und Sinai

9 Edgar Wallace: Der Hexer

Zusatzaufgabe

Worauf ist bei Klassifikationsaufgaben zu achten?

Lösung siehe Seite 128

Aufgabe 33:
Platzhalter ersetzen

Überall dort, wo dieser Platzhalter □ steht, soll ein Stern, ein Herz, ein Kreuz oder ein Flugzeug stehen. Schreiben Sie den jeweiligen Anfangsbuchstaben (S, H, K oder F) in den Platzhalter.

Worauf kommt es hier an? Wie lautet das Lösungsprinzip?

⏩ Lösung siehe Seite 128

Noch ein Tipp, sich Zahlen zu merken

Auf dem Zifferntelefon und auf jedem Handy sind die Ziffern in einer festen Reihenfolge angeordnet, und zwar so:

1	2	3
4	5	6
7	8	9
*	0	#

Jede Telefonnummer, jede Zahl ergibt ein typisches Bewegungsmuster. Probieren Sie einmal aus:

7649 **2580** **75321** **01712369** **41236**

Wissen Sie noch die Telefonnummer von Aufgabe 2? Ist Ihnen was zu den Namen Schiefbahn und Kornmann eingefallen?

Aufgabe 34:
Lückenbüßer gesucht

Welche der Zahlen a), b), c) passt am besten in die Lücke?

7 **293** **51.376** ____________ **123.456.542**

a) 4.326

b) 13.579

c) 2.613.428

Lösung siehe Seite 128

Namen behalten

Der Name *Böttcher* bezeichnet ebenfalls einen Beruf, nur ist der ausgestorben. Der Böttcher fertigte Bottiche. Was fällt Ihnen denn zu *Lohkamp* ein? Ein *Schiefbahn* kann ja wohl leicht auf die schiefe Bahn kommen, und der Herr *Kornmann* mag mit Korn handeln.

Aufgabe 35:
Eine schweißtreibende Angelegenheit

Je nachdem, welche Arbeit der Körper leistet, verbraucht er unterschiedlich viel Sauerstoff. Am wenigsten verbraucht er, wenn der Mensch liegt. Bilden Sie eine Reihenfolge des Sauerstoffverbrauchs von wenig bis viel:

Treppensteigen	**1.** __________
liegen	**2.** __________
langsam gehen	**3.** __________
stehen	**4.** __________
schnell gehen	**5.** __________
rudern	**6.** __________

Lösung siehe Seite 128

Kurzes Training des Kurzzeitgedächtnisses

Bitte prägen Sie sich diese Einkaufsliste ein. Es könnte ja sein, dass Sie den Einkaufszettel verlegen. Dann wäre es gut, die Liste im Kopf zu haben. Übrigens: Später werden Sie danach gefragt.
3 Äpfel, Hefe, Butter, 1 Kopfsalat, 5 Scheiben gemischten Aufschnitt, Milch, Kondensmilch, Seife, 4 Eier, Senf, Mehl.
Ein Tipp: Schreiben Sie den Einkaufszettel neu nach dem Weg, den Sie im Supermarkt üblicherweise gehen. Stellen Sie sich beim Einprägen vor, dass Sie den Weg im Supermarkt nehmen und jeweils das einpacken, was Sie brauchen. Später beim Erinnern gehen Sie den Weg dann ebenfalls in Gedanken. Vorher sollten Sie die Liste aber einige Male wiederholen.

Aufgabe 36:
In der Stadtbibliothek

Sie bekommen in der Stadtbibliothek für Ihre zurückgegebenen Bücher eine Quittung. Es sind aber nicht die Titel der Bücher, sondern nur ihre Kennnummern aufgelistet. Sie haben sieben Romane und ein Sachbuch zurückgegeben. Welches ist das Sachbuch?

a) 139473285

b) 139472192

c) 139427482

d) 139474103

e) 139472423

f) 139477361

g) 139477507

h) 139473842

Das Sachbuch ist ________, denn ____.

▸▸ Lösung siehe Seite 129

Bitte wiederholen Sie noch einmal die Einkaufsliste, indem Sie in Gedanken durch den Supermarkt gehen und das einpacken, was auf der Liste stand.

Aufgabe 37: Hier wird's ja kriminell!

Ein Einbrecher wird gesucht. Er hat am Tatort diesen Fingerabdruck hinterlassen.

Das sind die Fingerabdrücke einiger der Polizei bekannten Ganoven. Wie heißt der Einbrecher?

Antwort: Eingebrochen hat ____.

Zusatzaufgabe

Vergleichen Sie bitte Aufgabe 37 mit Aufgabe 1. Obwohl die Aufgaben so verschieden sind, haben sie doch etwas Wesentliches gemeinsam. Das sollten Sie herausfinden.
Prüfen Sie auf Seite 129, wenn Sie glauben, die wesentliche Gemeinsamkeit entdeckt zu haben.

▸▸ Lösung siehe Seite 129

Aufgabe 38:
Eine Zahl passt nicht zu den anderen

45

75 15

55

60 90

30

Es gibt sogar drei Gründe, die fragliche Zahl herauszunehmen. Finden Sie alle drei heraus.

Die ______ passt nicht zu den andern, denn ______________________________

Lösung siehe Seite 129

Bitte schreiben Sie hier die Einkaufsliste hin, ohne vorher auf Seite 42 nachzuschauen. Am besten halten Sie dabei die Reihenfolge des Einkaufs im Supermarkt ein.

____

____

____

____

Aufgabe 39: Fotogeschichten

Die kleine Tochter Ihrer Nachbarin hat alte Fotos von ihrer Oma gefunden. Sie möchte sie der Reihe nach ordnen, wie die Fotos entstanden sind. Können Sie ihr helfen?

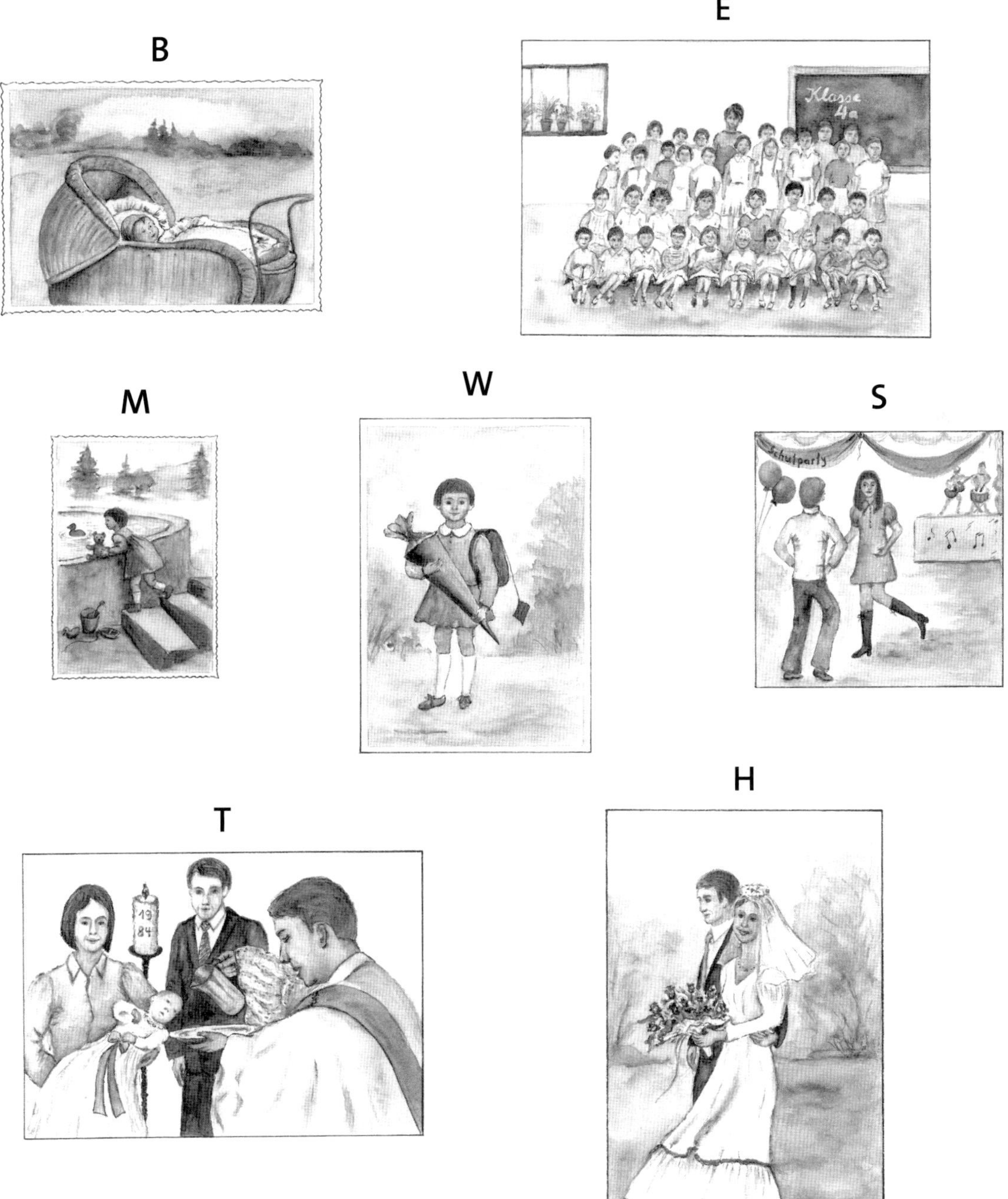

In dieser Reihenfolge sind die Fotos entstanden: ______________________________

Lösung siehe Seite 129

Aufgabe 40:
Helfen Sie, eine Stelle für Ihren Enkel zu suchen

Ihr Enkel sucht eine Lehrstelle. Er interessiert sich für Berufe in folgenden Sparten:

Bank

Versicherung

Touristik

Hotel

Großhandel

In der Zeitung finden Sie diese Stellenangebote. Welches Angebot wird Ihren Enkel am ehesten interessieren?

1. **Altenpfleger**
2. **Koch**
3. **Kfz-Mechaniker**
4. **Schreiner**
5. **Frisör**
6. **Installateur**

Am ehesten dürfte sich der Enkel für den Beruf des ________________________ interessieren,

denn ____.

Lösung siehe Seite 129

Aufgabe 41: Eine Skala der Stärke von Erdbeben

Erdbeben kann man, je nach den Auswirkungen, 12 Schweregrade zuweisen. Ordnen Sie bitte den folgenden Beschreibungen die Werte 1–12 von leichtem (1) nach schwerem (12) Beben zu. Das ist nicht so ganz einfach. Ein Radiergummi kann sich als nützlich erweisen. Ehe Sie loslegen: Überlegen Sie sich doch eine Strategie, wie man die Aufgabe am besten angeht.

Grad	Beschreibung
	etwa 75 % der Gebäude sind zerstört; Risse im Straßenbelag; Eisenbahnschienen verbiegen leicht
	nur für empfindliche Menschen und Tiere zu spüren
	ungefähr die Hälfte der Häuser stürzt ein
	Risse im Hausputz; Dinge fallen aus den Regalen; Möbel verrücken
	die Erdoberfläche verändert sich; Flüsse werden abgelenkt; Seen laufen aus
	Fenster klirren
	schwere Gegenstände fallen um; leichte Risse in Mauern
	wird nur von Instrumenten registriert
	Baumstämme brechen; große Möbel werden umgeworfen; einige Häuser stürzen ein
	alle Gebäude stürzen ein; Brücken zerbrechen, Erdrutsche und Dammbrüche
	als ob ein Auto schnell vorbeifährt
	Fenster zerspringen; wird von Menschen bemerkt; leichte Gegenstände werden verschoben

Lösung siehe Seite 129/130

Eine weitere Information zum Zweck des Trainings

Die Forschung hat gezeigt, dass im Alter mehrere bedeutsame Veränderungen der geistigen Leistungsfähigkeit stattfinden. Was Senioren selbst bemerken und oft stark beklagen, ist eine Schwächung der Merkfähigkeit. Das betrifft vor allem neues Lernen, etwa wenn man die Brille verlegt hat und sich nicht mehr erinnert, wo – oder wenn man jemanden unlängst kennengelernt hat und bei einer Begegnung den Namen nicht mehr erinnert. Man kann dem Abbau der Merk- und Erinnerungsfähigkeit durch geistige Aktivitäten gegensteuern, etwa durch ein Training wie das vorliegende. Weiterhin verlangsamt sich im Alter nicht nur das körperliche Tempo, sondern auch das Tempo geistiger Prozesse. Auch das kann man an sich selbst beobachten. Wer jedoch nicht «rastet», wird wohl auch weniger «rosten».

Daneben gibt es jedoch Veränderungen, die man selbst eher nicht bemerkt: Eine zentrale Komponente der intellektuellen Fähigkeit, die genetisch verankert sein dürfte, geht im Alter bei den meisten Menschen kontinuierlich zurück, während eine mehr bildungs- und wissensabhängige Komponente der Intelligenz im Alter noch zunehmen kann. Diese Zunahme findet man vor allem bei geistig sehr aktiven Senioren. Leider bemerkt man den Abbau intellektueller Fähigkeiten nicht selbst. Er betrifft insbesondere induktives und deduktives Denken. Die Aufgaben dieses Trainings sind so ausgewählt, dass sie dem Abbau geistiger Kompetenz gegensteuern. Besonders wichtige Leistungen werden im vorliegenden Training besonders stark geübt, weniger wichtige entsprechend weniger häufig.

Es gibt wissenschaftliche Befunde, die darauf hinweisen, dass ein geistiges Training im Alter besonders wirksam ist, wenn es durch Übungen zur körperlichen Fitness unterstützt wird.

Aufgabe 42 – Erster Teil: Und wieder: Lernen, Behalten, Erinnern

Training des Kurzzeitgedächtnisses

Überlegen Sie sich wieder, mit welcher Strategie Sie diese Ansammlung von Tieren behalten können. Auf der nächsten Seite kommen weitere hinzu, die Sie herausfinden sollen. Achtung: Die Aufgabe ist recht schwer, weil es so viele Tiere in unterschiedlicher Haltung sind.

⏩ Lösung siehe Seite 130

Natürlich können Sie sich fragen, wozu sich so anstrengen?

«Man hat es ja schließlich nicht mehr nötig.»

Solche Anwandlungen kennt jeder, aber ob man ihnen nachgeben soll … ?

Bitte erst umblättern, wenn Sie sicher sind, alle diese Tiere wiederzuerkennen und die neuen zu bemerken.

Aufgabe 42 – Zweiter Teil: Alte Bekannte wiedererkennen und neue entdecken

Neu hinzu gekommen sind ______________________________

Lösung siehe Seite 130

Aufgabe 43: Man muss nicht die Welt bereist haben, um die Aufgabe zu lösen

Hier ist jemand nicht fertig geworden. Können Sie die geografischen Begriffe unten alle richtig einordnen? Sie erleichtern sich die Aufgabe, wenn Sie die Fragezeichen erst durch die passenden Oberbegriffe ersetzen.

	?	?	Nord-/ Südamerika	?
?	Lena			Kongo
?	Hindukusch			Hochland von Abessinien

Pyrenäen Ganges Mississippi Alpen

Nil Atlasgebirge Rhein Amazonas Anden

Himalaya Donau Rocky Mountains.

Zusatzaufgabe

Vergleichen Sie bitte die Aufgaben 40 und 41 mit Aufgabe 43. Bei welcher Aufgabe geht es im Prinzip um die gleiche geistige Leistung wie bei Aufgabe 43? Auf Seite 130 erfahren Sie auch hierzu die richtige Lösung.

Lösung siehe Seite 130

Namen behalten

Frau *Busch* versteckt sich hinter einem ……., Herr *Sturm* verursacht einen ….. im Wasserglas, und Herr Langfeldt könnte lang ausgestreckt auf einem Feld liegen. Solche bildhaften Vorstellungen, die die Person mit einer Handlung verbinden, helfen nachweislich, Namen zu behalten.

Aufgabe 44:
Jetzt wird es sportlich

Die Sportarten in den drei Zeilen und den zwei Spalten der Tabelle haben jeweils etwas gemeinsam. Um welche fünf Gemeinsamkeiten handelt es sich?

Hochsprung	Weitsprung
Tauchen	Schwimmen
Fallschirmspringen	Segelfliegen

Linke Spalte ______________________ Rechte Spalte ______________________

1. Zeile ______________________ 2. Zeile ______________________

3. Zeile ______________________

Lösung siehe Seite 130

Aufgabe 45:
In der Landesgartenschau

Sie besuchen eine Landesgartenschau. In einem Beet sind verschiedene Pflanzen unter einem bestimmten Gesichtspunkt zusammengepflanzt. Eine passt allerdings nicht dorthin. Welche Pflanze ist es?

Krokus
Hyazinthe
Lilie
Tulpe
Rose
Narzisse

Zu den anderen passt nicht ______________, denn ______________________________.

Zusatzaufgabe

Blättern Sie bitte bis zu 10 Seiten zurück und finden Sie die wirklich nächste Aufgabe, bei der es um die gleiche Anforderung ging, wenn auch mit ganz anderem Material.

Das war die Aufgabe Nr. ______________________________.

Lösung siehe Seite 130

Ein englisches Sprichwort

Im Englischen gibt es das Sprichwort «Use it or loose it» – gebrauche es oder verliere es. Gemeint ist, dass man sein Wissen und Können dauernd nutzen muss, wenn es nicht allmählich verloren gehen soll. Im Deutschen haben wir ein ähnliches Sprichwort – welches? Das deutsche Sprichwort lautet:

____.

▸▸ Lösung siehe Seite 130

Aufgabe 46: ... auch eine Art von Beziehungskiste

Wie verhalten sich die abgebildeten Gegenstände zueinander? Was bedeuten die waagerechten, was die senkrechten Pfeile?

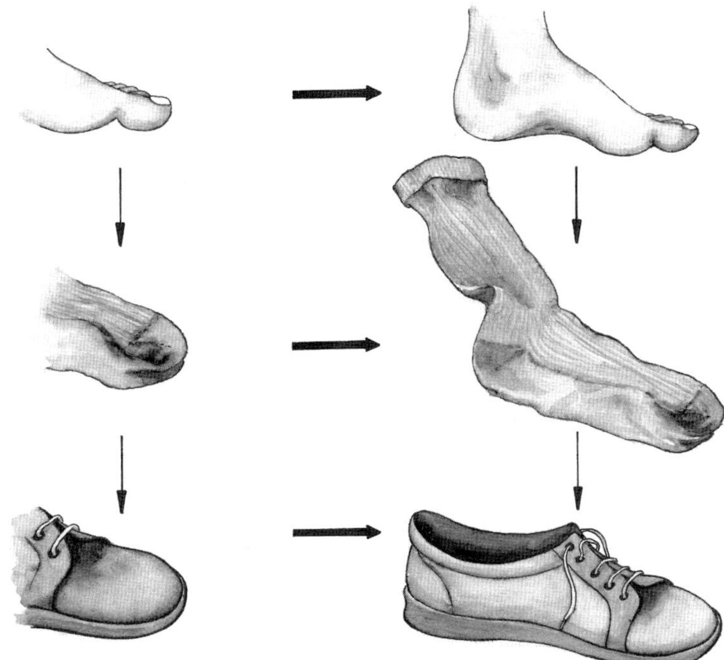

Zusatzaufgabe

Bei welchen Aufgaben der Nummern 40 bis 45 ging es auch darum, Beziehungen zu erkennen? ____
Zur Kontrolle schauen Sie bitte auf Seite 132 nach.

▸▸ Lösung siehe Seite 131

Aufgabe 47: Römische Zahlzeichen studieren

Die Römer benutzten andere Zahlzeichen als die heute bei uns gebräuchlichen. An alten Gebäuden ist das Jahr der Erbauung häufig mit römischen Zahlen angegeben. Um römische Zahlen besser lesen zu können, ist unten eine Tabelle erstellt worden. Bitte ergänzen Sie die fehlenden Zahlen. Das ist leicht, wenn Sie die wenigen Prinzipien durchschauen, die der Schreibung der römischen Zahlen zugrunde liegen.

I	=	1	X	=	10	C	=	100
II	=	2	XX	=	20	CC	=	200
III	=	3	XXX	=		CCC	=	______
IV	=	4	______	=	40	______	=	400
V	=	5	L	=	50	______	=	500
VI	=	6	LX	=	60	DC	=	600
VII	=	7	LXX	=		DCC	=	700
VIII	=	8	LXXX	=	80	DCCC	=	800
IX	=	9	XC	=	90	______	=	900
						M	=	1000

Zusatzaufgabe

Übertragen Sie bitte diese Jahrezahlen in die römische Schreibweise:
1999, 2001, 2010.

Und wie lauten diese Zahlen in unserer Schreibweise?
MDCCLXIV, MDLV, DCLXVI.

Sicher schaffen Sie es auch, Ihr Geburtsjahr römisch darzustellen?

Lösung siehe Seite 131

Aufgabe 48: Tun Sie was für Ihre Konzentrationsfähigkeit

In diesem Buchstabensalat sind einige Wörter versteckt, die Sie finden sollen. Genauer gesagt handelt es sich um drei Früchte, drei Getränke und drei Wetterphänomene. Nehmen Sie ruhig den Finger zu Hilfe und verfolgen Sie die Zeilen Buchstabe für Buchstabe. Und schreiben Sie Ihre Entdeckungen gleich unten hin.

QWERTZUIOPÜASDFGHJKLÖYÄXCVBNMBVCXYASDFGHJKL
ÖPÄOIPUZTREWERTZUAPFELQUITTEGARKEYXREGENBOGEN
POIUNLOINZELNZHWGABLITZÜNÖNUNASGSCHNEEZURGWÄC
GLKUMINANANASEWITSCHCOLAMINAFISADOREGGNSÖDOE
RFELLWEYTEEKLASOFFTURLAUPHUMBAUWPETROKAFFEEK

Die drei Früchte sind

____.

Die drei Getränke sind

____.

Die drei Wettererscheinungen sind

____.

⏩ Lösung siehe Seite 131

Aufgabe 49: Städtenamen entschlüsseln

Das alles sind Namen bekannter Großstädte, nur als Anagramme verfremdet. Aber alle Buchstaben sind da, keiner fehlt, keiner ist zu viel. Schreiben Sie die richtigen Namen hin, wenn Sie sie rauskriegen.

NILERB ____________________

PILZIEG ____________________

LEIK ____________________

BURMHAG ____________________

LÖNK ____________________

MENNCHÜ ____________________

NIZMA ____________________

URDTMOND ____________________

SUURBAGG ____________________

GREMGUDAB ____________________

EMBNER ____________________

STOORCK ____________________

NANERHOV ____________________

FORDLESSÜD ____________________

TATTSURGT ____________________

TRUNKRAFF ____________________

HAMMENNI ____________________

LUM ____________________

NESES ____________________

NEDDRES ____________________

Lösung siehe Seite 131

Aufgabe 50: Eine Zahlenfolge ergänzen

Welche Zahl kommt in dieser Folge als Nächste? Bitte ergänzen Sie.

78569 85697 56978 69785 97856 ____________

Lösung siehe Seite 131

Aufgabe 51: Unpassendes streichen

Welches Gewürz gehört nicht dazu?

Pfeffer

Zimt

Nelke

Paprika

Salz

Kümmel

Vanille

Muskat

Nicht dazu gehört ____________, denn ______________________________

____.

Lösung siehe Seite 131

Aufgabe 52: Analogieaufgaben

Sehr viele Intelligenztests enthalten Analogieaufgaben. Dafür gibt es einen guten Grund: Diese Art von Aufgaben zählt klassischerweise zu denen, die induktives Denken fordern. Für Sie sollte das Prinzip einer Analogieaufgabe leicht erkennbar sein. Bei verbalen Analogien wie den Folgenden wird zunächst ein Wortpaar vorgegeben, und Ihre Aufgabe ist dann, die *Beziehung* zu erkennen, in der die beiden Wörter zueinander stehen. Dann ist ein drittes Wort gegeben, und Sie sind aufgefordert, dazu ein passendes Wort zu finden. Die beiden Wörter müssen dann in genau der gleichen Beziehung zueinander stehen wie das Musterpaar. Beispiel:

ängstlich verhält sich zu *mutig* wie *faul* zu ____________________.

Die Beziehung hat offenbar etwas mit Gegensatz zu tun. *Ängstlich* ist ein Gegensatz zu *mutig*. Genau die gleiche Beziehung soll zu *faul* hergestellt werden. Der Gegensatz von *faul* ist offensichtlich *fleißig*.

Kopf : Körper	wie	Blüte :	____________
Meter : Länge	wie	Euro :	____________
England : London	wie	Irland :	____________
Polizist : Verbrecher	wie	Hund :	____________
Hunger : Essen	wie	Verzweiflung :	____________
immer : meistens	wie	alle :	____________
Intelligenz : Problemlösung	wie	Werkzeug :	____________
bewölkt : regnerisch	wie	heiter :	____________
sägen : Säge	wie	denken :	____________
Eis : Wasser	wie	Wasser :	____________
Lüge : Irrtum	wie	Fälschung :	____________
Flugzeug : Vogel	wie	Traktor :	____________

Lösung siehe Seite 132

Aufgabe 53:
Ein Hauch von Technikgeschichte

In den Kasten unten links gehört eines der drei Fahrzeuge rechts.
Kreisen Sie bitte das richtige Fahrzeug ein.

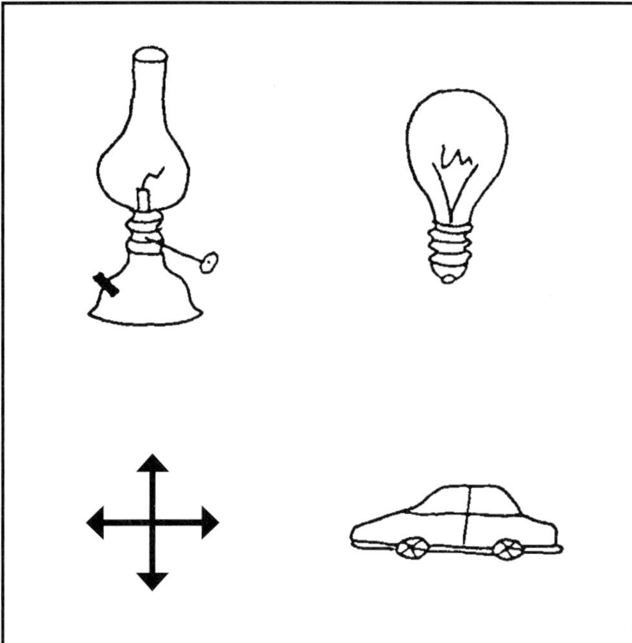

▸▸ Lösung siehe Seite 132

Aufgabe 54: Schuhmode – historisch betrachtet

Versuchen Sie, die hier abgebildeten Schuhe in eine zeitliche Reihenfolge zu bringen.

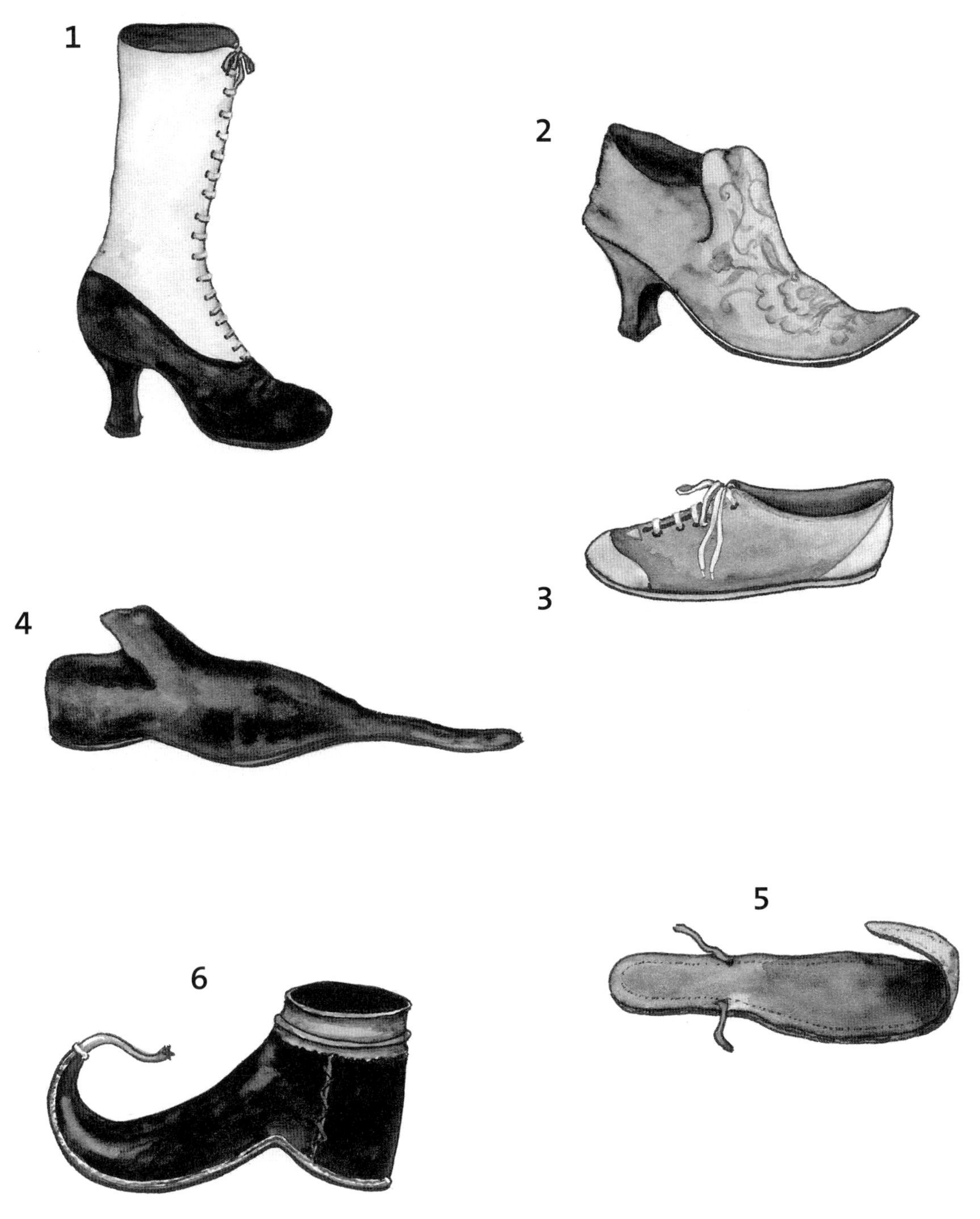

Der älteste Schuh hat die Nummer: _____. Darauf folgen zeitlich ______________________________.

▸▸ Lösung siehe Seite 132

Aufgabe 55:
Mit Köpfchen statt mit Glück

Bei einer Lotterie haben die Lose mit den folgenden Nummern gewonnen. Zufällig haben alle diese Zahlen etwas gemeinsam. Um welche Gemeinsamkeit handelt es sich?

00049 002401 000343 0007 01607
117649 010347 00361 002469

Diese Zahlen sind alle ____________________.

Lösung siehe Seite 132

Aufgabe 56:
Eine Tabelle vervollständigen

Welche zwei der folgenden Wörter gehören in die Lücken? Bitte direkt eintragen.

Spirale angeln Ring rudern Baum singen trocken

reisen	arbeiten		kochen
	Amsel	Spielzeug	Klavier

Lösung siehe Seite 132

Aufgabe 57:
Darf's vielleicht etwas Grammatik sein?

liest	wird gelesen
hat gelesen	

Welche Wörter passen in das leere Kästchen?

hatte gelesen
ist gelesen worden
wurde gelesen

Zusatzaufgabe

Inwiefern hat Aufgabe 57 etwas mit Aufgabe 53 zu tun? Vergleichen Sie bitte.

Lösung siehe Seite 133

Aufgabe 58: Helfen Sie einer französischen Studentin

Eine französische Studentin belegt in ihrem Auslandssemester einen Deutschkurs. In dieser Lektion geht es um die Pluralbildung (Mehrzahlbildung). Davon gibt es im Deutschen fünf verschiedene Arten. Für jede stehen schon zwei Beispiele im Schema. Ihre Aufgabe ist nun, den folgenden Begriffen die richtige Pluralform zuzuordnen. Schreiben Sie die entsprechende Zahl unter jedes Wort.

Bett Sänger Radio Fluss Gras Platte Kleid Ufer Zug

die Stühle	die Männer	die Pullover	die Mädels	die Bären
die Bäume	die Bilder	die Lehrer	die Muttis	die Knaben
1.	2.	3.	4.	5.

Lösung siehe Seite 133

Aufgabe 59: Es blühen bunte Blumen …

Hier sind neun verschiedene Blumen in besonderer Weise angeordnet. Sie sollen herausfinden, was die beiden Pfeile bedeuten, der horizontale Pfeil (→) und der vertikale Pfeil (↓).

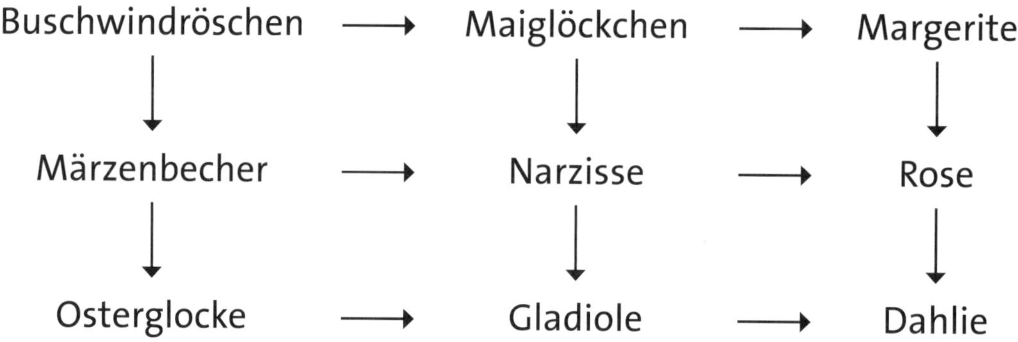

Zusatzaufgabe

Stehen die Pfeile für Merkmale von Blumen oder für Beziehungen zwischen Blumen? Und für welche? Die Antwort finden Sie auf Seite 133.

Lösung siehe Seite 133

Aufgabe 60: Hier eine andere Konzentrationsübung

Des Öfteren klagen Senioren auch über nachlassende Konzentration. Das ist zwar nicht immer richtig, denn mitunter liegt es auch an der Motivation. Wenn man richtig interessiert und engagiert ist, klappt es meist auch mit der Konzentration. Auf der anderen Seite werden im Alter die Gelegenheiten immer seltener, die Konzentration erfordern. Insofern kommt man leicht etwas aus der Übung. Dem kann man aber abhelfen.

Die folgende Übung stammt aus einem Konzentrationstest von Prof. Dr. Karl Westhoff. Es handelt sich um kinderleichte Rechenaufgaben, die Konzentration und sonst fast nichts fordern. Die Additionen sind bereits durchgeführt, aber manche sind falsch. Streichen Sie bitte alle falschen durch. Am Ende stellen Sie bitte fest, wie viele falsche Aufgaben Sie entdeckt haben.

4	1	8	4	6	1	5	4	2	2	6	1	4	2	5	4	7	8	2	1	8	4	4	9	3	5
4	1	2	6	3	6	1	1	5	4	3	1	3	1	5	2	1	2	4	2	2	3	1	1	5	2
8	2	9	9	9	7	6	5	7	7	8	2	7	4	9	6	8	9	6	4	9	7	5	9	8	7

2	2	2	3	7	4	4	7	6	3	4	5	4	6	3	7	4	3	4	5	4	9	5	3	3	4
2	5	4	2	2	3	1	1	2	3	5	3	1	2	6	2	1	2	3	2	3	1	2	4	3	4
4	6	7	5	9	8	5	8	8	6	9	9	6	8	9	8	5	4	6	7	8	9	7	7	6	8

1	5	2	2	1	6	4	1	5	2	4	3	3	4	2	2	4	3	2	2	4	3	2	3	4	2
2	2	3	2	4	2	1	3	2	1	1	6	3	2	5	3	2	1	4	1	4	2	2	4	1	3
3	8	6	4	5	8	3	5	7	3	6	9	6	7	7	5	6	5	6	3	8	3	3	7	5	5

3	1	2	2	2	4	2	1	3	3	2	2	3	3	1	4	5	2	3	8	5	2	2	5	4	2
1	2	3	1	4	1	5	1	2	1	6	3	3	1	2	3	1	1	2	1	1	4	2	4	1	2
4	3	6	3	6	5	8	3	5	4	9	5	7	4	4	6	6	3	5	9	7	6	3	8	5	4

3	2	4	2	2	4	2	4	2	3	2	3	3	6	2	3	5	2	3	5	3	4	2	1	3	4
5	3	4	5	8	1	7	1	6	2	5	2	5	4	7	5	2	4	3	2	4	5	6	7	1	3
8	5	9	7	9	5	9	5	8	4	8	5	9	9	8	7	7	6	6	7	6	8	8	8	4	7

4	2	2	4	2	3	4	2	5	1	1	6	1	3	2	6	1	2	6	4	1	3	2	2	1	1
2	3	5	2	3	6	1	1	2	3	1	2	4	2	3	2	2	2	1	2	7	4	4	4	6	5
6	5	7	7	6	9	6	4	7	5	3	8	5	4	6	8	3	7	7	6	8	7	7	5	8	6

2	1	3	2	4	8	3	7	2	5	2	6	4	1	3	7	3	2	4	3	4	5	1	3	3	4
2	5	1	2	5	2	2	1	1	2	2	4	2	2	9	3	3	4	1	2	1	3	2	7	1	3
4	7	4	4	8	9	6	9	3	7	4	9	8	3	9	8	6	6	5	6	4	8	3	9	5	6

Wie viele Aufgaben sind falsch? Antwort: _______ Aufgaben.

▸▸ Lösung siehe Seite 133

Aufgabe 61:
Wer soll das bezahlen?

Ihr Vermieter hat die Miete für die Zweizimmerwohnung alle drei Jahre regelmäßig erhöht. Nun steht wieder eine Mieterhöhung ins Haus. Mit welcher Miete müssen Sie im nächsten Jahr rechnen? Tragen Sie den Wert gleich in die Tabelle ein.

	Miete pro Monat
Im 1. Jahr	€ 320.–
Im 4. Jahr	€ 330.–
Im 7. Jahr	€ 345.–
Im 10. Jahr	€ 365.–
Im 13. Jahr	€ 390.–
Im 16. Jahr	€ 420.–
Im 19. Jahr	

▸▸ Lösung siehe Seite 133

Aufgabe 62:
Eins, zwei, drei ...

Drei Wörter gehören zusammen. Bitte unterstreichen sie die drei.

Steinsalz

Steinkrebs

Steinbock

Steinkrug

Steinadler

▸▸ Lösung siehe Seite 134

Aufgabe 63: Etwas für Tierfreunde

Die drei Tiere, die unten stehen, sollen nicht alleine bleiben. Sie sollen in die Kästchen eingeordnet werden. Bevor Sie damit beginnen, empfiehlt es sich herauszufinden, nach welchem Schema die Tiere in die Kästchen eingeordnet wurden.

Der Steinbock gehört zum/zur ______________________________,

der Reiher gehört zum/zur ______________________________,

das Pferd gehört zum/zur ______________________________.

Lösung siehe Seite 134

Aufgabe 64: Knacken Sie den Code?

In einer Bank braucht jeder eine Codenummer, um die Tür des Rechnerraums zu öffnen. Ein Angestellter bemüht sich vergeblich, in den Raum zu gelangen. Wer ist es?

Herr Grün	**0030172**	**Herr Groß**	**0020713**
Herr Fritz	**0073210**	**Frau Ulm**	**0001372**
Herr Sixtl	**0007231**	**Herr Thon**	**0032107**
Herr Kahs	**0027310**	**Herr Sauer**	**0003157**
Frau Rahm	**0017203**	**Frau Leist**	**0072013**

» Lösung siehe Seite 134

Drei Arten von Klassifikationsaufgaben

Das Training bietet drei Arten von Klassifikationsaufgaben. Bei der ersten Sorte ist festzustellen, welche Objekte zusammengehören, weil sie ein Merkmal gemeinsam haben. Das sind *Generalisierungs*aufgaben. Bei der zweiten Sorte unterscheidet sich mindestens ein Objekt von allen anderen, weil es das gemeinsame Merkmal eben nicht besitzt. Das sind *Diskriminations*aufgaben. Bei der dritten Sorte müssen mindestens zwei Merkmale gleichzeitig beachtet werden, außerdem sowohl Gleichheit als auch Verschiedenheit von Merkmalen. Das sind Aufgaben zur *Kreuzklassifikation*. Oft sind sie in Tabellenform gegeben, aber nicht immer, und nicht jede Tabelle fordert Kreuzklassifikationen.

Zusatzaufgabe

Welche Art von Aufgabe bieten Nr. 62, 63 und 64?

» Lösung siehe Seite 134

Aufgabe 65: Eine Knobelei mit Außerirdischen

Hier sollen Sie wieder deduktive Schlüsse ziehen. Einige Außerirdische haben über ihre Bewohner berichtet. Zu jedem Bericht sind vier Schlussfolgerungen hinzugefügt, und Sie sollen entscheiden, welche davon richtig ist. Es ist immer nur eine richtig, aber eine ist auch immer richtig. Alle Aufgaben sind also durch bloßes Nachdenken lösbar – auch für Sie.

Fall 1

Alle Ebus sind Idaks.
Alle Moros sind Ebus.

() Alle Idaks sind Moros.
() Alle Moros sind Idaks.
() Alle Ebus sind Moros.
() Keiner dieser Schlüsse ist möglich.

Fall 2

Alle Murai sind Tepi.
Einige Hopi sind Murai.

() Alle Tepi sind Murai.
() Kein Hopi ist ein Tepi.
() Einige Hopi sind Tepi.
() Keiner dieser Schlüsse ist möglich.

Fall 3

Alle Zygatos sind Quirries.
Kein Quirrie ist ein Lenifero.

() Einige Zygatos sind Leniferos.
() Einige Leniferos sind Tygatos.
() Kein Lenifero ist ein Zygato.
() Keiner dieser Schlüsse ist möglich.

Lösung siehe Seite 134

Aufgabe 66:
Erstaunlich, was aus den Schmieden alles geworden ist

Ausgehend vom Handwerk des Schmieds haben sich verschiedene Berufe entwickelt. Das ist in dem unten stehenden Baum dargestellt. Wo noch Berufe fehlen, steht eine Nummer. Bitte ordnen Sie diesen Berufen die richtige Nummer zu. Wichtig ist nur, den richtigen Ast zu wählen.

Dreher ( ), Elektroinstallateur ( ), Goldschmied ( ), Graveur ( ), Klempner ( ), Kfz-Mechaniker ( ), Messerschmied ( ), Radio- und Fernsehtechniker ( ), Schlosser ( ), Stahlbauschlosser ( ), Starkstromelektriker ( ), Uhrmacher ( ).

Lösung siehe Seite 135

Aufgabe 67: Spiel mit Zahlen

Auch mit Zahlen kann man spielen. Versuchen Sie herauszufinden, was hier gemacht worden ist und wohin die Zahlen 456, 645, 798 und 879 gehören.

123	?	789
132	465	?
213	546	?
231	564	897
312	?	978
321	654	987

Lösung siehe Seite 135

Aufgabe 68: Entwicklung zum Homo sapiens

In dieser Anordnung befindet sich ein Schädel am falschen Platz.
Welcher ist es und wohin gehört er?

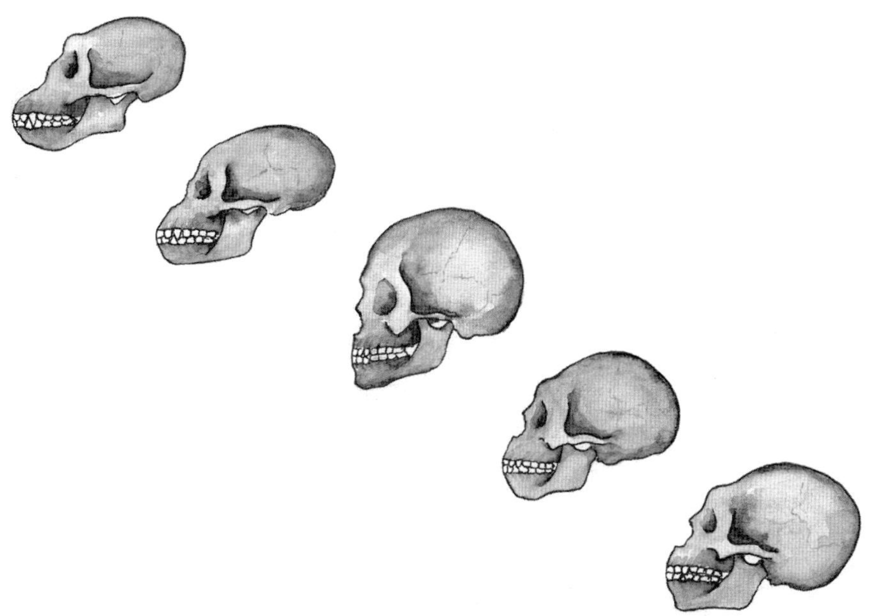

Lösung siehe Seite 135

Aufgabe 69: Gedächtnistraining für Profis – Erster Teil

Es folgt ein richtig schweres Training Ihrer Merkfähigkeit und Erinnerungsleistung. Weil Sie nun schon ziemlich trainiert sind, sollten Sie sich einmal auf diese Variante einlassen. Noch wird nicht verraten, was später auf Sie wartet. Schauen Sie bitte auch nicht nach, das wäre unfair. Nehmen Sie sich aber mindestens zehn Minuten Zeit, um die Liste von Wörtern genauestens auswendig zu lernen. Sie sollten die Wortliste wirklich gut auswendig können, denn später warten sehr gemeine Fragen auf Sie, die Sie nur beantworten können, wenn Sie die Liste vollständig im Kopf haben und wiedergeben können.

Fahrzeuge: Schubkarre – Moped – Laster – Eisenbahn – Flugzeug

Länder: Norwegen – Irland – Portugal – Griechenland – Ungarn

Geschäfte: Reisebüro – Bäckerei – Drogerie – Kaufhaus

Blumen: Hyazinthe – Astern – Veilchen – Orchidee

Aufgabe 70: Wie ist das mit der Blutgruppenverträglichkeit?

Es gibt bei Menschen vier Blutgruppen: 0, A, B und AB. Bei Blutübertragungen kann nicht jeder jedes Blut vertragen. Es gelten folgende Regeln.

- A und B sind jeweils nur mit sich selbst verträglich.
- 0 kann an alle spenden, aber nur von 0 empfangen.
- AB kann von allen empfangen.

Füllen Sie nun bitte die Tabelle aus. Setzen Sie ein «+» für verträglich und ein «–» für nicht verträglich.

Spender

		0	A	B	AB
Empfänger	0				
	A				
	B				
	AB				

▸▸ Lösung siehe Seite 135

Aufgabe 71: Eine Ausstellung besichtigen

Ein Möbelhaus eröffnet eine Ausstellung, in der gezeigt wird, welche verschiedenen Lichtquellen benutzt werden können. Die Reihenfolge soll dabei eine Rolle spielen, aber ein Leuchtkörper steht an der falschen Stelle. Welcher ist es und warum?

Talgfackel Kerze Petroleumlampe Gaslampe

Glühbirne Halogenlampe Leuchtstoffröhre

Falsch eingeordnet ist die ________________, denn sie gehört an die ________________ Stelle.

Die Reihenfolge stellt dann nämlich ____ dar.

Lösung siehe Seite 136

Aufgabe 72: Hilfe, Geoschaf entlaufen!

Aus der Herde der Geoschafe ist eines entlaufen. Wie sah es wohl aus? Bitte fertigen Sie eine Art Steckbrief an.

?

Der Kopf des entlaufenen Schafs war ein ______________, der Körper war ein ________________.

Zusatzaufgabe

Blättern Sie doch bitte einmal zurück, ob Sie nicht auf einer der zehn Seiten vorher eine Aufgabe finden, die in der Struktur ähnlich aufgebaut war. Ein Tipp: Die Aufgabe enthielt keinerlei figürliche Darstellung. Wichtig ist herauszufinden, dass der früheren Aufgabe ein ähnliches Bauprinzip zugrunde liegt. Um dieses Prinzip, um den Bauplan geht es.

Lösung siehe Seite 136

Aufgabe 73:
Das kleine Einmaleins können Sie doch noch!

(So früh Gelerntes behält man recht gut.)

	teilbar durch 2	teilbar durch 3	teilbar durch 9
teilbar durch 4			
teilbar durch 5			
teilbar durch 7			

Ordnen Sie bitte die folgenden Zahlen in das oben stehende Schema, sodass jedes Feld besetzt ist.

24 63 8 21 10 15 45 36 14

⏩ Lösung siehe Seite 136

Gedächtnistraining für Profis – Zweiter Teil

Bitte kreuzen Sie an, was Sie für richtig halten. Auf Seite 70 können Sie nachher vergleichen. Wenn Sie von den 18 Aufgaben 15 richtig erinnert haben, ist das eine vorzügliche Leistung.

Das Wort, das mit A beginnt, bezeichnet
( ) ein Fahrzeug ( ) ein Land ( ) ein Geschäft ( ) eine Blume
Das Wort, das mit B beginnt, bezeichnet
( ) ein Fahrzeug ( ) ein Land ( ) ein Geschäft ( ) eine Blume
Das Wort, das mit D beginnt, bezeichnet
( ) ein Fahrzeug ( ) ein Land ( ) ein Geschäft ( ) eine Blume
Das Wort, das mit E beginnt, bezeichnet
( ) ein Fahrzeug ( ) ein Land ( ) ein Geschäft ( ) eine Blume
Das Wort, das mit F beginnt, bezeichnet
( ) ein Fahrzeug ( ) ein Land ( ) ein Geschäft ( ) eine Blume
Das Wort, das mit G beginnt, bezeichnet
( ) ein Fahrzeug ( ) ein Land ( ) ein Geschäft ( ) eine Blume
Das Wort, das mit H beginnt, bezeichnet
( ) ein Fahrzeug ( ) ein Land ( ) ein Geschäft ( ) eine Blume
Das Wort, das mit I beginnt, bezeichnet
( ) ein Fahrzeug ( ) ein Land ( ) ein Geschäft ( ) eine Blume
Das Wort, das mit K beginnt, bezeichnet
( ) ein Fahrzeug ( ) ein Land ( ) ein Geschäft ( ) eine Blume
Das Wort, das mit L beginnt, bezeichnet
( ) ein Fahrzeug ( ) ein Land ( ) ein Geschäft ( ) eine Blume
Das Wort, das mit M beginnt, bezeichnet
( ) ein Fahrzeug ( ) ein Land ( ) ein Geschäft ( ) eine Blume
Das Wort, das mit N beginnt, bezeichnet
( ) ein Fahrzeug ( ) ein Land ( ) ein Geschäft ( ) eine Blume
Das Wort, das mit O beginnt, bezeichnet
( ) ein Fahrzeug ( ) ein Land ( ) ein Geschäft ( ) eine Blume
Das Wort, das mit P beginnt, bezeichnet
( ) ein Fahrzeug ( ) ein Land ( ) ein Geschäft ( ) eine Blume
Das Wort, das mit R beginnt, bezeichnet
( ) ein Fahrzeug ( ) ein Land ( ) ein Geschäft ( ) eine Blume
Das Wort, das mit S beginnt, bezeichnet
( ) ein Fahrzeug ( ) ein Land ( ) ein Geschäft ( ) eine Blume
Das Wort, das mit U beginnt, bezeichnet
( ) ein Fahrzeug ( ) ein Land ( ) ein Geschäft ( ) eine Blume
Das Wort, das mit V beginnt, bezeichnet
( ) ein Fahrzeug ( ) ein Land ( ) ein Geschäft ( ) eine Blume

Aufgabe 74:
Reich mir die Hand, mein Leben ...

Eine der gezeichneten Hände passt nicht zu den anderen. Welche ist es?

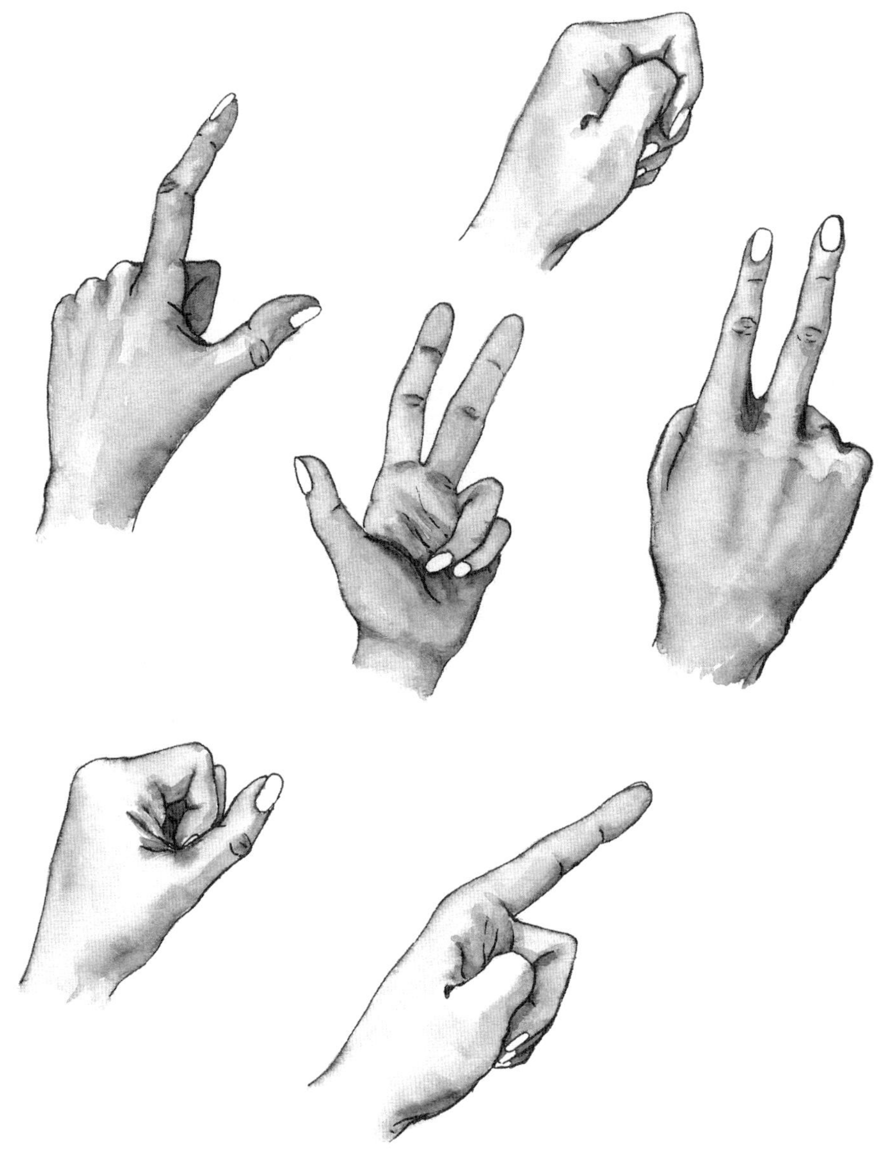

Zu den anderen passt nicht die ____________________ Hand, denn ________________________.

⏩ Lösung siehe Seite 136

Aufgabe 75:
Etwas für Antiquitätensammler und Hobbyschreiner

In einem Handbuch für Schreiner finden Sie folgende Beschreibungen:

Ebenholz: *In den meisten Fällen schwarzes bis schwarzbraunes Kernholz, das sich durch seine Schwere und seine hohe Härte auszeichnet. Es stammt aus Westafrika, Madagaskar, Mauritius und dem tropischen Asien.*

Mahagoni: *Sammelbegriff für tropische Baumarten, hat eine warme, rote bis rotbraune Farbe und wird deshalb vorwiegend in der Möbelindustrie verwendet.*

Kiefer: *Nadelholz, kommt hauptsächlich in den nördlichen gemäßigten Breiten vor. Es ist ein weiches, aber festes Holz mit rotbraunem Kern und gelbweißem Splint.*

Hickory: *Gehört zur Familie der Walnussgewächse, liefert aufgrund seiner extremen Härte wertvolles Nutzholz. Seine Farbe ist ein mittleres Rotbraun.*

Fichte: *Nadelholz aus den nördlichen gemäßigten Breiten; helles, leichtes Holz, wird hauptsächlich in der Möbelindustrie verwendet.*

Kastanie: *Dunkelrotes, sehr weiches Holz des allgemein bekannten Baumes, dessen Früchte essbar sind.*

Welche Beziehungen bestehen zwischen den Hölzern in den Zeilen und Spalten der untenstehenden Tabelle?

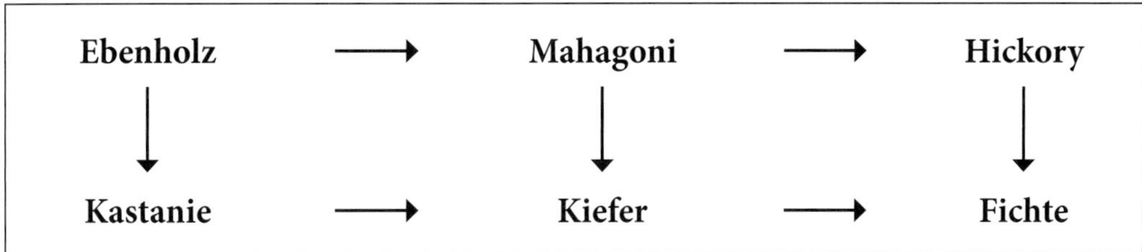

Die Hölzer werden (von links nach rechts) immer ______________________.

Das obere Holz ist immer ______________________ als das untere.

» Lösung siehe Seite 136

Aufgabe 76:
Ordnung ist das halbe Leben

In der Tabelle stehen acht Begriffe. Die Begriffe in der linken Spalte der Tabelle weisen ein gemeinsames Merkmal auf, während die der rechten Spalte ein anderes gemeinsames Merkmal haben. Das gilt entsprechend auch für die Begriffe in den vier Zeilen, die sich durch jeweils besondere Merkmale auszeichnen. Wo die Merkmale hin gehören, stehen noch Fragezeichen. Wenn Sie herausfinden, durch welche Merkmale die Fragezeichen ersetzt werden müssen, fällt es Ihnen sicherlich nicht schwer, die ganz unten stehenden Wörter in die Tabelle einzuordnen. Beginnen Sie also damit, die Fragezeichen zu ersetzen.

	?	?
?	Haustür (1)	Tisch (2)
?	herumstehen (3)	sehen (4)
?	hellblau (5)	grün (6)
?	gegenüber (7)	auf (8)

Fensterglas ( ) gehen ( ) blitzschnell ( ) Stuhl ( )

Kaffeekanne ( ) klein ( ) Wohnung ( ) hineintauchen ( )

oberhalb ( ) gegen ( ) neben ( ) Löffel ( ) Holztisch ( )

lachen ( ) unter ( ) kochen ( ) grasgrün ( )

geräumig ( ) süß-sauer ( )

Setzen Sie die entsprechende Zahl hinter die einzuordnenden Wörter. Beispiel: Wenn ein Wort in das Feld gehört, das jetzt mit «Haustür» besetzt ist, so setzen Sie die 1 dahinter.

Lösung siehe Seite 137

Aufgabe 77:
Altmodische Balkenwaagen können es in sich haben

Von den drei abgebildeten Waagen sind die beiden oberen im Gleichgewicht. Womit müssen Sie die leere Waagschale der dritten Waage füllen, damit auch sie im Gleichgewicht ist? Sie haben aber nur noch Bananen und Zitronen zur Verfügung. Das Obst, das Sie zur Verfügung haben, wiegt genau so viel wie das auf den Waagen.

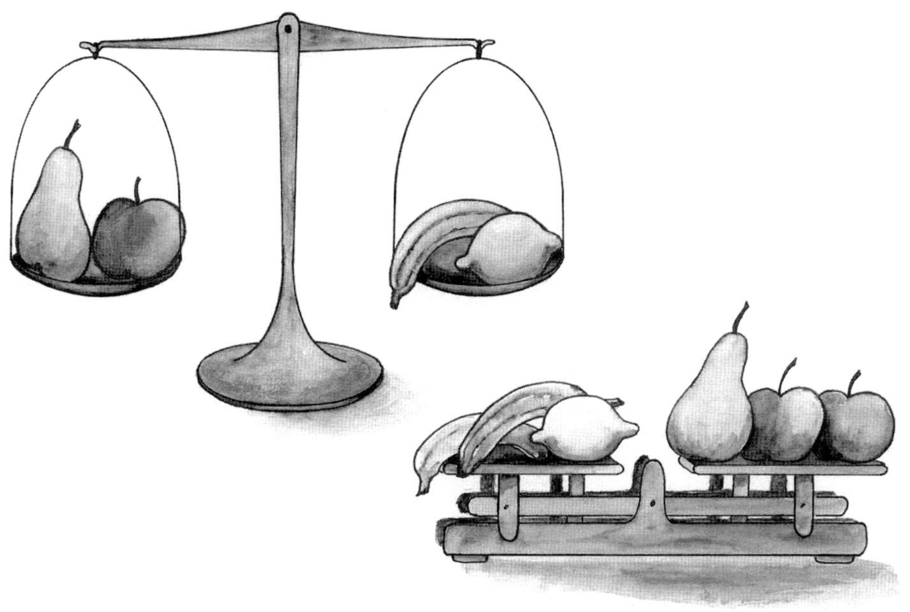

In die leere Waagschale gehören ______________________________, damit auch diese Waage im Gleichgewicht ist.

Lösung siehe Seite 137

Aufgabe 78:
Ist das Ihr Glücksrad?

Starten Sie mit der Zahl 44. Die Zahlen auf dem Glücksrad stehen in einer ganz bestimmten Reihenfolge. Nur eine Zahl ist falsch. Wo steht sie, und wie müsste sie richtig lauten?

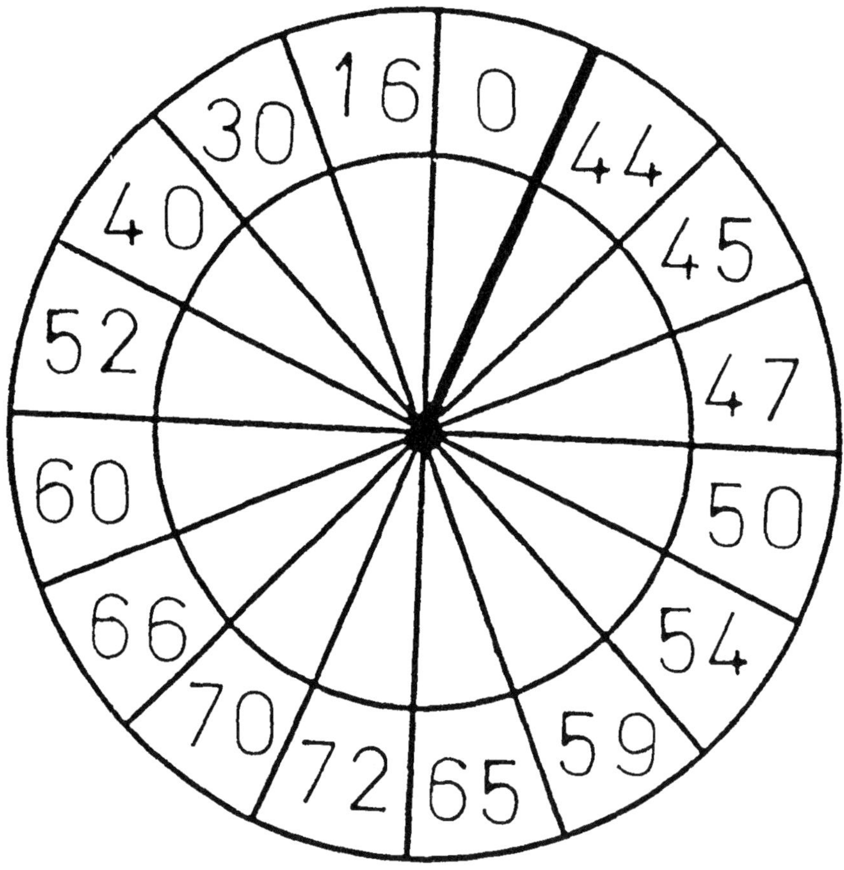

Falsch ist die ______________. Richtig wäre ______________.

⏩ Lösung siehe Seite 137

Aufgabe 79: Preisausschreiben für Technikbegeisterte

Beim Arztbesuch ist nur noch eine Technikzeitschrift frei. Darin stoßen Sie auf ein Preisausschreiben, das (wie viele solcher Preisausschreiben) für die Interessenten sicher sehr einfach ist. Aber nicht alle begeistern sich so für Technik. Können Sie das Preisausschreiben dennoch lösen? Bitte tragen Sie Ihre Lösungen direkt ein.

Fortbewegungsmittel	Energieträger
Auto	?
?	Muskelkraft
?	Kerosin
Solarflugzeug	?
Dampflok	?
Segelflugzeug	?
?	Atomkraft
Schwebebahn	?

Lösung siehe Seite 137

Eine wichtige Information zur Lösungstechnik

Auf Seite 26 und 48 war die Rede von induktivem Denken und induktiven Aufgaben. Solche Aufgaben können durch *Vergleiche* gelöst werden. Vergleichen heißt nämlich, Gemeinsamkeiten feststellen und Unterschiede entdecken. Es geht also darum herauszufinden, was gleich ist und was verschieden ist. Dabei kann es darum gehen, *Merkmale* von Objekten miteinander zu vergleichen oder *Beziehungen zwischen* Objekten.

Zusatzaufgabe

Die Aufgaben 73 und 78 haben beide mit Zahlen zu tun. Was war da zu vergleichen, Merkmale oder Beziehungen? Und war Gleichheit oder Verschiedenheit zu erkennen gefordert?

Aufgabe 80:
Was halten Sie von Edelsteinen?

Hier ist eine ganz einfache Aufgabe:

Ein Halbkaräter wiegt 100 mg. Wie viel Karat braucht man für 1 g Edelstein ?

Lösung: Für 1 g Edelstein braucht man ______________________________ Karat.

▸▸ Lösung siehe Seite 138

Aufgabe 81:
Verschiedene Dinge klassifizieren

Hier muss einiges richtig eingeordnet werden. Wohin gehören wohl die Schubkarre, das Auto, die Kutsche, das Zelt, die Waschmaschine und das Wohnmobil? Und was bedeuten die Fragezeichen? Es ist sogar vorteilhaft, die Bedeutung der Fragezeichen zuerst zu klären. Tragen Sie deren Bedeutung direkt ein.

Durch Striche können Sie markieren, was Ihrer Meinung nach wohin gehört. Es ist möglich, dass nicht in jedes Feld etwas eingeordnet werden kann.

▸▸ Lösung siehe Seite 138

Aufgabe 82: Hier hat sich jemand verrechnet

In einer Fabrik wird am Fließband mit einer Grundleistung von 500 Stück pro Tag (= 150 Euro) gearbeitet. Wenn mehr Stücke produziert werden, wird eine dem Stückpreis entsprechende Zulage gezahlt. Hier eine Lohnabrechnung, bei der sich das Lohnbüro aber an einem Tag vertan hat. Wo steckt der Fehler?

	Grundlohn	Zulage	Gesamtsumme
Montag	150,–	11,50	161,50
Dienstag	150,–	10,20	160,20
Mittwoch	150,–	8,40	158,40
Donnerstag	150,–	16,50	166,50
Freitag	150,–	14,40	164,40

Ein Tipp: Der Fehler muss offensichtlich mit der Zulage zusammenhängen.

›› Lösung siehe Seite 138

Aufgabe 83: Synonyme oder Wörter mit gleicher Bedeutung

Wörter mit genau gleicher Bedeutung gibt es gar nicht. Aber manche Wörter haben eine so ähnliche Bedeutung, dass man sie oft ohne eine Änderung des Sinns austauschen kann. Solche Wörter sollen Sie auswählen. Kreuzen Sie bitte unter der Auswahl das Wort an, das mehr oder minder gleichbedeutend mit der Vorlage ist.

Gutdünken
( ) Hochachtung ( ) Hoffnung ( ) Zuversicht ( ) Ermessen ( ) positives Denken
Guthaben
( ) Vermögen ( ) Geldforderung ( ) Anleihe ( ) Betrag ( ) Geldbesitz
Hagestolz
( ) Einbildung ( ) Dünkel ( ) Schwiegervater ( ) Junggeselle ( ) Magersüchtiger
obsolet
( ) widerborstig ( ) veraltet ( ) vulgär ( ) verdächtig ( ) widerlich
Genugtuung
( ) Bescheidenheit ( ) Genügsamkeit ( ) Anforderung ( ) Buße ( ) Wiedergutmachung
Fresko
( ) Wandgemälde ( ) Weinsorte ( )Vielfraß ( ) Deodorant ( ) Räuber
frenetisch
( ) rasend ( ) mausartig ( ) abgegrenzt ( ) zum Schädel gehörig ( ) tönend
Kadett
( ) Gauner ( ) Tretboot ( ) Offiziersanwärter ( ) Qualitätswein ( ) Bursche
lasieren
( ) sauber entfernen ( ) schmeicheln ( ) dünn lackieren ( ) scharf artikulieren
( ) verleimen
okkult
( ) verdächtig ( ) verborgen ( ) hinfällig ( ) geschlossen ( ) altmodisch
Trendel
( ) Langweiler ( ) Kreisel ( ) Bohrgerät ( ) Tendenz ( ) Mauervorsprung
auswalken
( ) prügeln ( ) spazieren gehen ( ) leeren ( ) entstauben ( ) glatt rollen
bramarbasieren
( ) Garmethode ( ) prahlen ( ) überfallen ( ) Segel einholen ( ) kampieren

Zusatzaufgabe

Inwiefern muss man bei den Aufgabe 82 und 83 vergleichen, obwohl sie so verschieden sind?

Lösung siehe Seite 138

Drei weitere Aufgabenklassen unterscheiden

Vor Aufgabe 65 erhielten Sie die Information, dass dieses Programm drei Arten von Klassifikationsaufgaben enthält: Generalisierungen, Diskriminationen und Kreuzklassifikationen. Dabei geht es in allen Fällen darum, *Merkmale von Objekten* zu beachten und miteinander zu vergleichen, also auf Gleichheit zu prüfen (Generalisierung) oder auf Verschiedenheit zu prüfen (Diskrimination) oder auf beides, Gleichheit *und* Verschiedenheit (Kreuzklassifikation).

Analog gibt es im Programm auch drei Aufgabenklassen, bei denen *Beziehungen* (Relationen) *zwischen* Objekten auf Gleichheit oder auf Verschiedenheit oder auf Gleichheit *und* Verschiedenheit zu prüfen sind. Ist das Erkennen gleicher Beziehungen gefragt, sprechen wir von *Beziehungserfassung*, ist das Erkennen verschiedener Beziehungen gefragt, sprechen wir von *Beziehungsunterscheidung*, und ist beides gefordert, so spricht man von einer *Systembildung*. Aufgaben zur Systembildung sind häufig in Tabellenform gegeben. Sie können also leicht mit der Kreuzklassifikation verwechselt werden.

Zusatzaufgabe

Bestimmen Sie bitte die Aufgaben Nr. 74, 75, 76, 78, 79 und 83.

Lösung siehe Seite 139

Aufgabe 84: In der Kinderarztpraxis

Frau Adams macht Vertretung am Empfang einer Kinderarztpraxis. Die kleinen Patienten und ihre Mütter freuen sich natürlich, wenn sie beim nächsten Mal erkannt und mit Namen begrüßt werden. Deshalb will sich Frau Adams die Namen und wichtigsten Besonderheiten jedes Falls merken. Das ist auch für Sie ein gutes Gedächtnistraining. Irgendwann später bekommen Sie Gelegenheit festzustellen, was und wie viel Sie von den Patienten behalten haben.

Es folgen nun Namen und Alter der kleinen Patienten, Vorstellungsgrund sowie der Name der Begleitperson und die Straße.

Brach, Ingo, 12 Jahre, Bauchschmerzen, Frau Edelgund Brach, Arndtstraße

Fröhlich, Pascal, 9 Monate, Vorsorgeuntersuchung, Frau Margret Fröhlich, Uferweg

Hantelmann, Ria, 4 Jahre, Erkältung, Fieber, Frau Regina Mertens, Flurstraße

Hees, Mark, 6 Jahre, Anfälle, Herr Gerd Hees, Fallerstraße

Kling, Annegret, 8 Jahre, motorische Unruhe, Frau Martha Kling, Höhenweg

Lemberger, Felicitas, 3 Jahre, Erbrechen, Frau Edith Lemberger, Ricarda-Huch-Weg

Miklis, Susanne, 5 Jahre, Impftermin, Herr Robert Miklis, Am Zollhaus

Mesic, Ilona, 4 Jahre, Verbrennungen an der Hand, Herr Antos Mesic, Fürstenwall

Odenthal, Elfie, 5 Jahre, Mandelentzündung, Frau Regina Odenthal, Am Rosenhof

Pesch, Peter, 13 Jahre, Mittelohrentzündung, Frau Erna Strogis, Weberweg

Ruschke, Hans, 9 Jahre, grippaler Infekt, Herr Elmar Ruschke, An der Lohe

Theves, Udo, 3 Jahre, Magen-Darm-Infekt, Frau Ursula Theves, Ginsterweg

Vogel, Ronald, 8 Monate, Schreikrämpfe, Durchfall, Frau Ingeborg Vogel, Donnerberg

Zander, Sina, 4 Jahre, Kindergarten-Eignungsuntersuchung, Frau Marion Zander, Bergweg

Drei Wege bieten sich an, um so viel auswendig zu lernen: 1. Den Stoff oft genug wiederholen, was natürlich mühsam ist. 2. Sich die 14 Fälle bei der Wiederholung bildhaft vorstellen und dann einprägen. 3. Erst die 14 Fälle in Gruppen ordnen, die etwas gemeinsam haben, und sie dann auswendig lernen.
So oder so wird man die Aufgabe in Abständen wiederholen müssen, damit die 14 Fälle nicht zu rasch vergessen werden. Die Fragen, die Sie später beantworten sollen, haben es in sich …

Aufgabe 85:
Ein Abenteuer in der Neujahrsnacht

Hier hat jemand zu viel Alkohol konsumiert. In dieser Geschichte von Wilhelm Busch sind zwei Bilder vertauscht. Welche? Es sind die Bilder ________________ und ________________________.

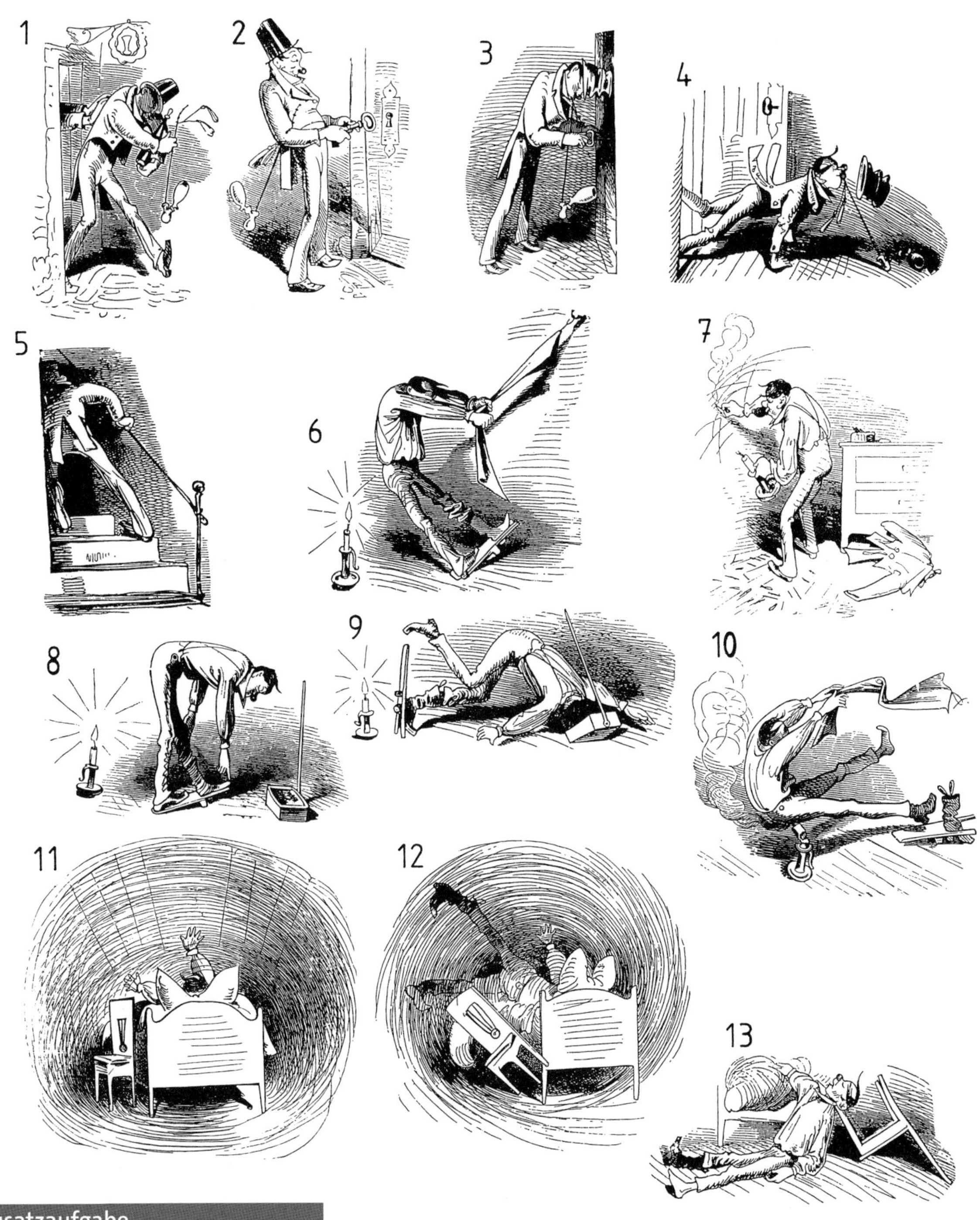

Zusatzaufgabe

Inwiefern geht es in den Aufgaben 64 und 85 ebenfalls um Vergleichen?

⏩ Lösung siehe Seite 139

Aufgabe 86: Beim Lokalanzeiger

Dem neuen Mitarbeiter eines Anzeigenblatts ist der Computer abgestürzt. Er hat nur noch die neun Kundenaufträge, die er ordnen sollte, und erinnert sich, dass es sich um drei Arten von Anzeigen handelt. Können Sie ihm helfen, wieder Ordnung zu schaffen?

1. **Suche Nachmieter für 2 ZKDB, 320 Euro kalt, ab 1.4. Tel.: 52485**
2. **Verkaufe neuwertige Essecke, Eiche hell, runder Tisch + 4 Stühle für 210 Euro. Tel.: 13257**
3. **Suche Einzimmerapartment bis 300 Euro warm in Uni-Nähe. Tel.: 02403/4563**
4. **Antik-Kleiderschrank, 3-türig, 2,50 breit, Mahagoni, zu verkaufen für 170 Euro. Tel.: 252627**
5. **Brautkleid zu verkaufen, Gr. 40, weiße Seide, lang, VB: 300 Euro. Tel.: 7936**
6. **3 ZKDB in Rathausnähe, 679 Euro kalt, ab 15.3. zu vermieten. Tel.: 985361**
7. **2 ZKDB in Stadtnähe zum 1.5. gesucht. Tel.: 27384**
8. **Suche zur Miete EFH in ruhiger Lage mit Garten, ab 1.5. Tel.: 5227**
9. **Wegen Umzugs zu verkaufen: Küchenzeile weiß, 1/2 Jahr alt, mit Herd, Dunstabzugshaube, Spülmaschine, für 2000 Euro. Tel.: 265497**

Beschriften Sie bitte die drei Fächer und tragen Sie die Nummern ein.

⏩ Lösung siehe Seite 139

Aufgabe 87:
Heiteres Städteraten?

Welche der Städte gehört nicht zu den anderen? Das ist nicht ganz einfach zu entdecken.

Hamburg

Lübeck

Danzig

Bremen

Ludwigshafen

Bergen

Antwerpen

Die Stadt ____________________ gehört nicht dazu, denn sie ist ____________________.

⏩ Lösung siehe Seite 139

Es wäre nicht schlecht, Sie würden die Gelegenheit wahrnehmen, die Gedächtnisaufgabe aus der Kinderarztpraxis zu wiederholen.

Aufgabe 88: Wissen Sie, was kollationieren bedeutet?

Früher spielte das Kollationieren noch eine größere Rolle, als es nämlich keine Kopiergeräte, keine Computer und keine Scanner gab. Kollationieren heißt das Vergleichen einer Abschrift mit einem Original. Das ist eine hervorragende Konzentrationsaufgabe, die zugleich auch noch das Arbeitsgedächtnis beansprucht. Deshalb sollten Sie jetzt einmal die beiden Texte kollationieren und prüfen, ob sich nicht doch der eine oder andere Fehler eingeschlichen hat.

Das Original (aus Goethes «Leiden des jungen Werthers» am 15. Mai):
Leute von einigem Stande werden sich immer in kalter Entfernung vom gemeinen Volke halten, als glaubten sie, durch Annäherung zu verlieren; und dann gibt's Flüchtlinge und üble Spaßvögel, die sich herabzulassen scheinen, um ihren Übermut dem armen Volke desto empfindlicher zu machen. Ich weiß wohl, dass wir nicht alle gleich sind noch sein können, aber ich halte dafür, dass der, der nötig zu haben glaubt, vom sogenannten Pöbel sich zu entfernen, um den Respekt zu erhalten, ebenso tadelhaft ist als ein Feiger, der sich vor seinem Feinde verbirgt, weil er zu unterliegen fürchtet.
Letzthin kam ich zum Brunnen und fand ein junges Dienstmädchen, das ihr Gefäß auf die unterste Treppe gesetzt hatte und sich umsah, ob keine Kamerädin kommen wollte, ihr es auf den Kopf zu helfen. Ich stieg hinunter und sah sie an. «Soll ich Ihr helfen, Jungfer?», sagte ich. – Sie ward rot über und über. «O nein, Herr!», sagte sie. – «Ohne Umstände» – Sie legte ihren Kringen zurecht, und ich half ihr. Sie dankte und stieg hinauf.

Die Kopie:
Leute von einigem Stande werden sich immer in kalter Entfernung vom gemeinen Volke halten, als glaubten sie, durch Annäherung zu verlieren; und dann gibt's Flüchtlinge und üble Spaßvögel, die sich herabzulassen scheinen, um ihren Übermut dem armen Volk desto empfindlicher zu machen.
Ich weiß wohl, dass wir nicht alle gleich sind noch sein können, aber ich halte dafür, dass der, der nötig zu haben glaubt, vom sogenannten Pöbel sich zu entfernen, um den Respekt zu erhalten, ebenso tadelnswert ist als ein Feiger, der sich vor seinem Feinde verbirgt, weil er zu unterliegen fürchtet.
Letzthin kam ich zum Brunnen und fand ein junges Dienstmädchen, das ihr Gesäß auf die unterste Treppe gesetzt hatte und sich umsah, ob keine Kamerädin kommen wollte, ihr es auf den Kopf zu helfen. Ich stieg hinunter und sah sie an. «Soll ich Ihr helfen, Jungfer?», fragte ich. – Sie ward rot über und über. «O nein, Herr!», sagte sie. – «Ohne Umstände» – Sie legte ihren Kringen zurecht, und ich half ihr. Sie dankte und stieg hinauf.

Lösung siehe Seite 139

Aufgabe 89: Gegensätze ziehen sich an – oder auch nicht

Aristoteles unterschied vier Arten von Gegensätzen. Wir wollen es bei diesen dreien belassen.

(1) Korrelativer Gegensatz.

Beispiel: Vater – Mutter. Beide können nur gemeinsam vorkommen, denn es gibt keinen Vater, wenn es keine zugehörige Mutter gibt.

(2) Diametraler oder polarer Gegensatz.

Beispiel: schwarz – weiß. Es handelt sich um die Eckpunkte einer Übergangsreihe. Werte dazwischen können vorkommen, wie etwa grau.

(3) Kontradiktorischer Gegensatz.

Beispiel: Sitzen – nicht sitzen. Die Verneinung des einen Gegensatzes bedeutet die Bejahung des anderen.

Bitte bestimmen Sie nun jedes Gegensatzpaar. Setzen Sie einfach die Zahl 1, 2 oder 3 ein.

( ) tot – lebendig	( ) hell – dunkel	( ) Ehemann – Ehefrau
( ) kaufen – verkaufen	( ) Mutter – Kind	( ) gut – schlecht
( ) trödeln – rennen	( ) verheiratet – unverheiratet	( ) Anfang – Ende
( ) Gewinn – Verlust	( ) Morgen – Abend	( ) alle – keine
( ) Sein – Nichtsein	( ) ja – nein	( ) ängstlich – mutig
( ) arm – reich	( ) jung – alt	( ) schwanger – nicht schwanger
( ) heiß – kalt	( ) gesund – krank	( ) faul – fleißig
( ) Braut – Bräutigam	( ) richtig – falsch	( ) hier – dort
( ) früh – spät	( ) echt – gefälscht	( ) trocken – nass
( ) gerade – ungerade	( ) gut – böse	( ) ruhend – bewegt
( ) wachen – schlafen	( ) gleich – ungleich	( ) rauf – runter
( ) gleich – verschieden	( ) Ursache – Wirkung	( ) vollständig – unvollständig

Zusatzaufgabe

In Aufgabe 13 waren Begriffe vorgegeben, und Sie waren gebeten worden, zu jedem Begriff das Gegenteil hinzuzufügen. Sie sollten jetzt in der Lage sein, die Gegensätze von Aufgabe 13 zu klassifizieren. Bestimmen Sie, um welche Art von Gegensätzen es sich dort handelt, indem Sie die Zahlen 1, 2 oder 3 hinzufügen.

Lösung siehe Seite 140

Aufgabe 90:
Abstrakte Figuren ordnen

Ordnen Sie die Figuren 1 bis 8 in die richtige Reihenfolge. Dabei ist zu beachten, dass in jedem Schritt nur *ein* Merkmal *verändert* werden darf. Beginnen Sie mit Figur 5. ACHTUNG: Die Aufgabe ist schwerer als sie aussieht.

1

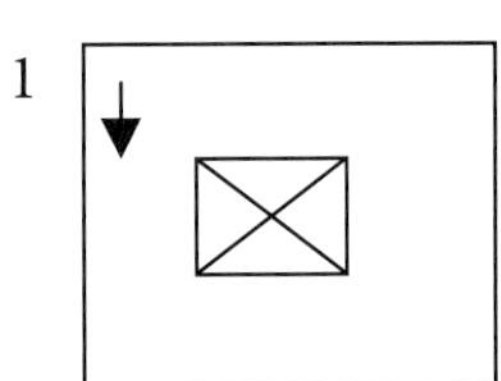

2

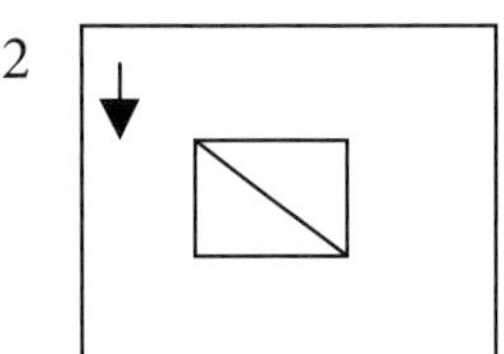

3

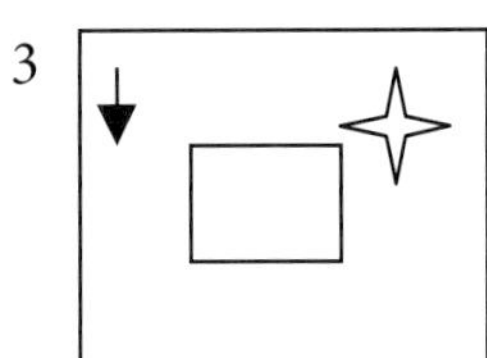

4

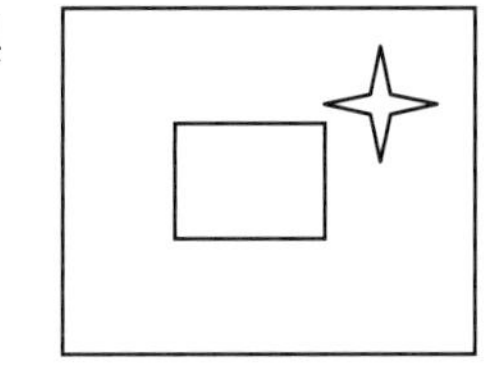

5

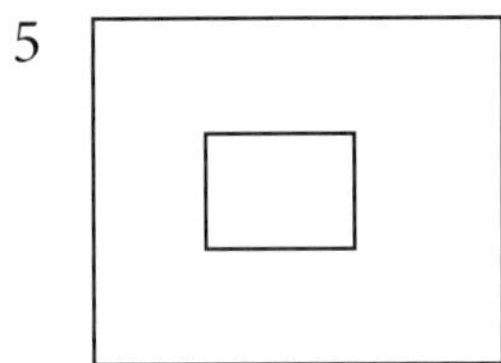

6

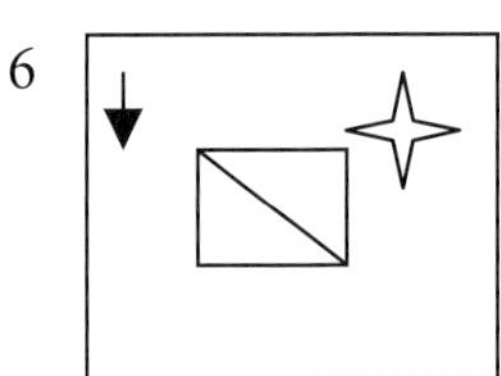

7

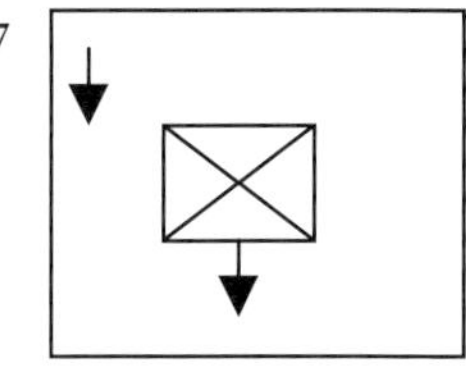

8

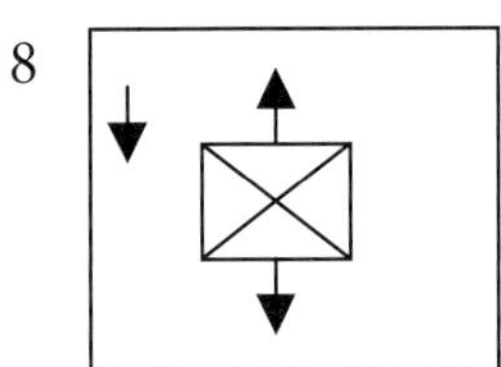

Die richtige Reihenfolge lautet: 5, ____.

⏩ Lösung siehe Seite 140

Aufgabe 91:
Das schaffen Sie auch ohne große Chemiekenntnisse

Forscher haben festgestellt, dass sich das Zusammensetzungsverhältnis einer Gruppe von Kohlenwasserstoffen nach einem bestimmten Prinzip verändert.

Methan	**C H4**
Ethan	**C2 H6**
Butan	**C4 H10**
Pentan	**C5 H12**
Heptan	**C7 H__**
Dekan	**C10 H22**

Nur zur Information: C bedeutet Kohlenstoffatom, C2 zwei Kohlenstoffatome, H steht für ein Wasserstoffatom, H4 für vier Wasserstoffatome.

Können Sie das Prinzip erkennen? Wie muss dann die vollständige Formel von Heptan aussehen?

Setzen Sie den Wert in die Lücke ein.

⏩ Lösung siehe Seite 140

Aufgabe 92: Ein bisschen Heraldik

In einem Museum sind diese drei Familienwappen ausgestellt.

A

B

C

Nun hat man bei Ausgrabungsarbeiten folgende Bruchstücke gefunden. Davon sind zwar nicht alle, aber einige mit den schon bekannten Familienwappen hergestellt worden. Finden Sie bitte heraus, welche der Bruchstücke mit welcher Form gemacht wurden.

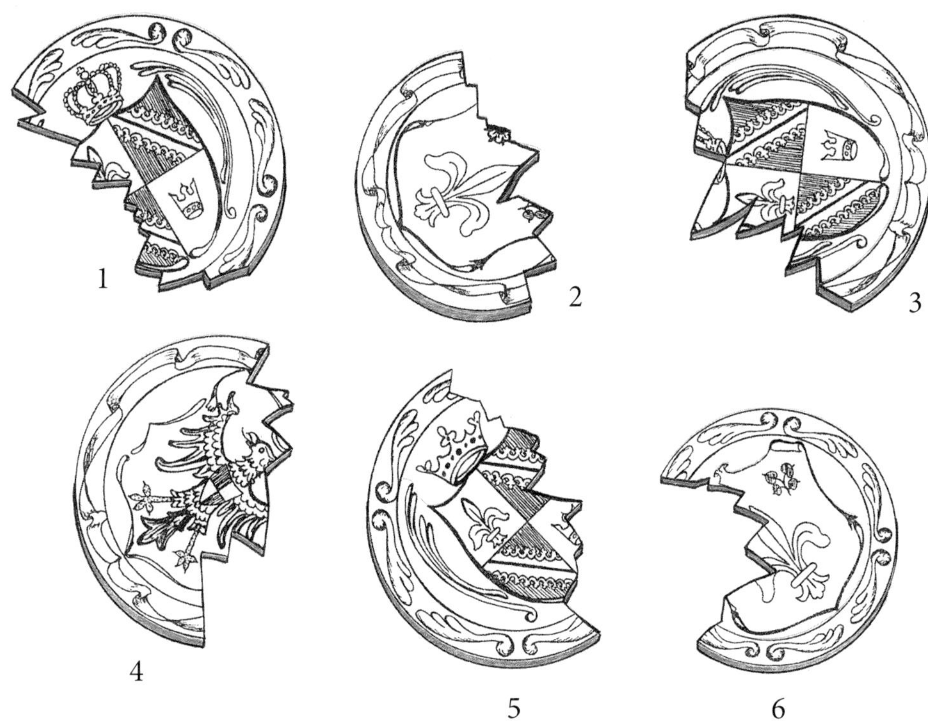

Zu Wappen A gehört Nr. _________, zu Wappen B Nr. _________ und zu Wappen C Nr. _________.

⏩ Lösung siehe Seite 140

Aufgabe 93: Einen Weihnachtsstern basteln ...

Viele Wege führen nach Rom. Ausgehend vom Muster 1 kann man auf verschiedenen Wegen zum fertigen Stern 4 kommen.

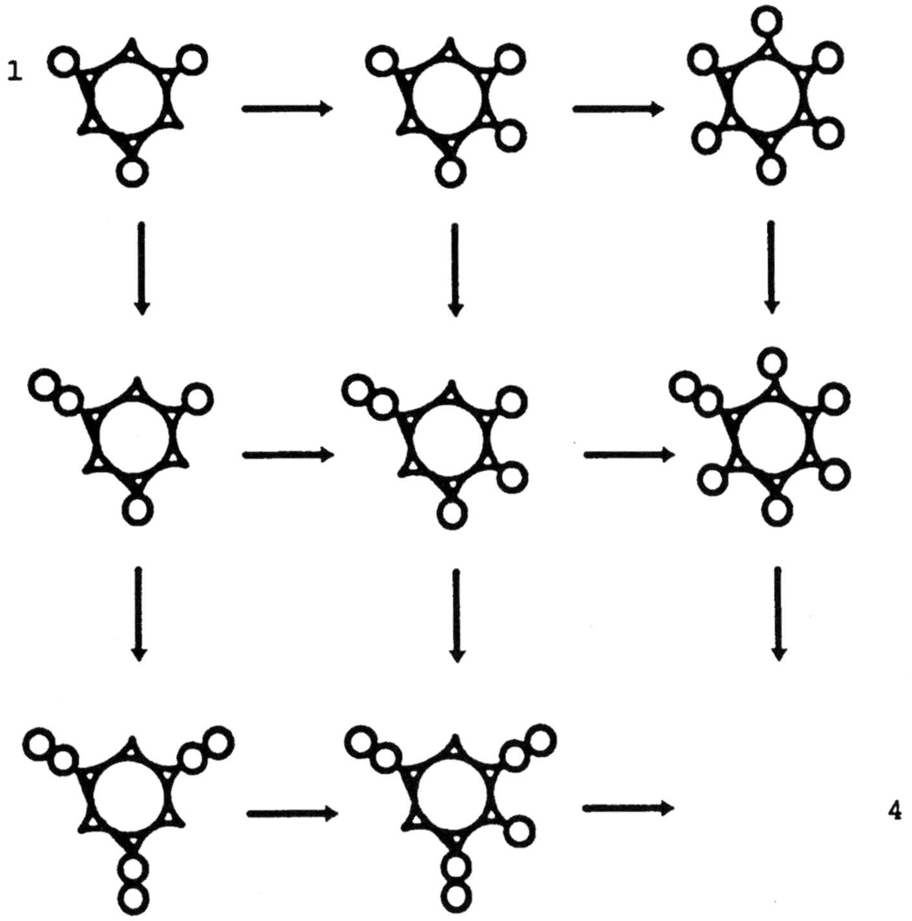

1

4

Frage 1: Wie viele Arbeitsschritte sind notwendig, um Figur 1 in Figur 4 zu überführen?
Frage 2: Wie viele Wege sind überhaupt möglich?
Frage 3: Wie sieht der fertige Stern aus? Zeichnen Sie ihn an Position 4.
Frage 4: Welche Gesetzmäßigkeit steckt in dem Plan?

Lösung siehe Seite 140

Aufgabe 94: Wer ist der Täter?

Baron von Krön ist ermordet worden. Kommissar Schnüffel hat eine vermutliche Tatzeit von 21.00 Uhr festgestellt. Er hat die drei Hauptverdächtigen, die schöne Nichte Sybilla, den 20-jährigen Neffen Nick und den langjährigen Diener Martin interviewt. Kommissar Schnüffel hat die Aussagen aller Verdächtigen. Er liest jetzt die Protokolle noch einmal durch – und hat den Täter schon gefunden. Sie auch?

Sybilla (Der Baron wollte sie wegen der Wahl ihres Verlobten enterben.):
«Ich war mit meinem Verlobten zum Opernball. Er hat mich um 19.00 Uhr abgeholt und um 20.00 Uhr waren wir auf dem Ball. Dort habe ich unter anderem mit Major von Zack getanzt, der meine Aussage bestätigen kann. Um 23.00 Uhr haben mein Verlobter und ich den Ball verlassen. Unser Hausmädchen hat mir so gegen Mitternacht noch eine Suppe bereitet. Danach ging ich ins Bett. Meinen Onkel habe ich am Sonntag das letzte Mal gesehen.»

Nick (hatte oft Streit mit dem Baron, wobei dieser dann immer mit Enterbung drohte):
«Ich habe am Tattag meinen Onkel besucht. Ich war etwa zwei Stunden bei ihm. Dann bin ich zu mir gefahren, das kann meine Mutter bezeugen, denn als sie mir die Tür öffnete, habe ich sie nach der Uhrzeit gefragt, es war 17.15 Uhr. Da können Sie meine Mutter fragen, die wird Ihnen das Gleiche sagen. Den Abend habe ich mit Freunden verbracht, beim Skatspielen. Um viertel vor neun, ich habe zufällig auf die Uhr geschaut, klingelte das Telefon. Es war mein Onkel, er klang sehr verängstigt. Ich bin sofort zu ihm gefahren, denn irgendwie hatte ich den alten Kauz schon gern, aber als ich dort ankam – Martin öffnete mir die Tür – war mein Onkel schon tot. Meine Freunde können meine Aussagen bestätigen.»

Martin (langjähriger Diener, der einiges zu erben erhoffen kann):
«Meine Schwester war an dem Abend bei mir. Wir sind erst etwas spazieren gegangen, um fünf Uhr etwa habe ich den jungen Herrn zur Tür gebracht, und dann dem Baron sein Nachtmahl gebracht, da dieser immer sehr früh aß. Ich habe dann mit meiner Schwester noch in der Küche gesessen und erzählt, als um 21.20 Uhr Nick an der Tür klingelte, weil er in Sorge um seinen Onkel war. Wir sind dann in das Schlafzimmer des Barons gelaufen, aber da war dieser schon tot. Gehört habe ich nichts, denn das Schlafzimmer liegt im anderen Flügel des Hauses. Meine Schwester kann meine Angaben bestätigen.»

Meiner Meinung nach war es ____________________, weil ______________________________

▸▸ Lösung siehe Seite 140

Wiederholen Sie doch bitte die Informationen aus der Kinderarztpraxis von Seite 84.

Aufgabe 95: Sind Sie Legastheniker?

Eine Zeit lang nahm man an, Legastheniker würden bevorzugt Buchstaben verwechseln, die sich wie Spiegelbilder zueinander verhalten, also d und b, p und q, aber auch b und p oder gar b und q. Man weiß heute, dass das so nicht stimmt: Solche Verwechslungen unterlaufen allen Menschen, die noch nicht perfekt lesen können. Es ist aber eine gute Konzentrationsübung, *alle b durchzustreichen und alle p zu unterstreichen*. Zählen Sie bitte aus, wie viele *b* und wie viele *p* sie gefunden haben.

q p b d b q p b d b p q p b d b d p b q b p d b q p d q p b d b d b p q b p b q b p q p d b q b d b q p

d b q p d q b d p q p b d b q p b p q p d q p d p q b d p b q p b d b p q p d b d q q d b p d q b d b q p d

q b d b d q p b p d b d p b q b p d b q p d q p b d b d b p q b p q p b d b q p b p q p d q p d b q b p q p

d b q b d b q p d b q p d b q d p q p b d b q p b p q p d q q p b d b q p b d b p q d p d b d p b q b p d b

q p b q p b d b d b p q b p p q p b d b q p b p q p d q p d b q b p q p d b q b d b q p d b q p q p b d q p

b d b q p b d b p q p b p b d p b q b p d b q d p q p b p b d b p q b p p d b d p b q b p d b q p d q p b d

b d b p q b p q p b d b q p b p q p d q q p q d b d b p q p q p b d q b d p b q p d q p b d p b q b d p q p

b d b p p q b d p b q p b d b p q d p b d q b d b d p q b d b q p b q b d b d q p b b q b p q p d b q b d b

q p d b q p d b q d p q p b d b q p b p q p d q p d d b p g b d p d b q p b q p b d b q b d q p q b d p d p

b p d q p b d b p q q p b d b q p b d b p q p b d b d p b q b p d b q p d q p b d b d b p q b p q p q d b d

b p q p q p b d p b d p b q p d q p b d p b q b d p q p b d b p d b p g b d p d b q p b q p b d b q b d q p

q b d p d p b p d q p b d b p q b q b p q p d b q b d b q p d b q p d b q d p q p b d b q p b p q p d q p d

Anzahl b: ___________

Anzahl p: ___________

Lösung siehe Seite 141

Aufgabe 96:
Hier geht's um Vererbung – aber Sie schaffen das!

Unten ist dargestellt, wie bei Käfern die Farbe vererbt wird. Wie sehen die fehlenden vier Käfer aus?

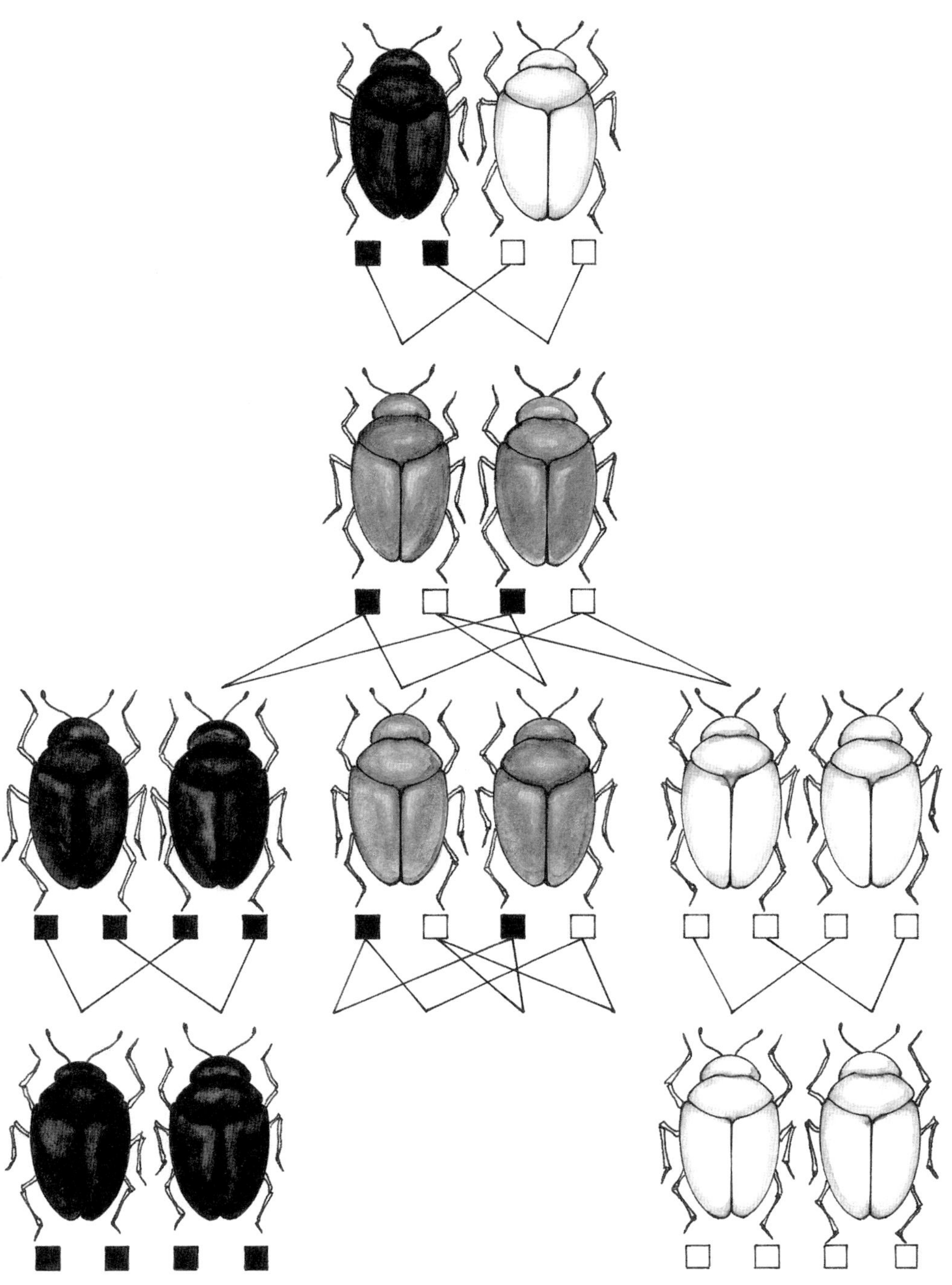

Antwort: ____

» Lösung siehe Seite 141

Aufgabe 97: Entdecken Sie das Prinzip des dualen Systems

Computer, aber auch moderne Fernsehgeräte und sogar manche Fotoapparate arbeiten mit digitalen Informationen, also mit Informationen, die in Zahlen umgewandelt sind. Sie bedienen sich dabei des dualen Systems, das nur zwei Zustände kennt, zum Beispiel «ein» und «aus» oder «1» und «0». Im dualen System benutzt man also nur die 1 und die 0, um eine Zahl darzustellen. Wie im Dezimalsystem hängt aber die Bedeutung etwa der 1 von der Stelle ab: 1111. Jede der vier Einsen hat eine andere Bedeutung (Eintausend, Einhundert, usw.).

Schauen Sie sich einmal genau dieses Schema der Zahlen im Dualsystem an. Es ist eigentlich ganz leicht und gut durchschaubar.

…	64	32	16	8	4	2	1	
						1	1	ist die Zahl 3
			1	1	1	0	1	ist die Zahl 29
		1	0	0	0	0	0	ist die Zahl 32
					1	1	0	ist die Zahl 6
				1	0	1	0	ist die Zahl 10

Frage: Ist die duale Zahl 11011 gerade? Und welche Zahl gehört oben links vor die 64?

Zusatzaufgabe

Wie ist das denn in unserem Dezimalsystem? Verdoppeln sich da die Werte ebenfalls von rechts nach links? Wenn Sie die Antwort gefunden haben, so schauen Sie auf Seite 142 nach.

» Lösung siehe Seite 141

Aufgabe 98:
Auf die Reihenfolge kommt es an

In dieser Reihenfolge steckt mehr als ein Fehler. Nicht jeder Begriff steht an der richtigen Stelle – es wird aber nicht verraten, wie viele falsch eingeordnet sind.

Roman

Kapitel

Text

Abschnitt

Satz

Wort

Silbe

Vokal

Buchstabe

Falsch eingeordnet sind ____.

Sie gehören ____.

⏩ Lösung siehe Seite 141

Aufgabe 99:
Ein Fliesenleger hat schlampig gearbeitet ...

Der Fliesenleger muss noch sechs schwarze Fliesen verlegen, damit ein gleichmäßiges Muster entsteht. Stellen Sie fest, wohin die Fliesen gehören.

Geben Sie bitte zuerst die Zeile und dann die Spalte an. 13A bedeutet zum Beispiel die schwarze Fliese ganz unten links.

Die sechs schwarzen Fliesen gehören nach ______________________________.

Lösung siehe Seite 141

Aufgabe 100:
Wortfamilien

Zu einer Wortfamilie gehören alle Wörter, die sich aus dem Stammwort bilden lassen. Zur Wortfamilie BINDEN gehören z. B. Bund, Verband, verbinden, Bündel, gebunden etc. Bilden Sie nun aus den Wörtern dieser Liste vier Wortfamilien, indem Sie alle zueinandergehörenden Wörter aufschreiben.

Bruch, Erbauer, Brennerei, Verbrechen, Bebauung, verbogen, Bogen, Bauten, Brocken, Brenner, Gebrechen, Brand, Fuchsbau, Verbeugung, brechen, angebrannt, Gebäude, biegen, brüchig, Anbau, Branntwein, bauen, Biegung, Brandmal, brach, Kniebeuge, Bergbau, biegsam, bröckelig, brennen, Brennpunkt.

Familie ____________________

Familie ____________________

Familie ____________________

Familie ____________________

⏩ Lösung siehe Seite 142

Aufgabe 101: Eine Mogelei aufspüren

Mitten aus einer Partie eines Mühlespiels sind folgende Züge dokumentiert. Es hat sich aber eine Unregelmäßigkeit eingeschlichen, denn ein Spieler hat gemogelt. Wo steckt der Fehler?

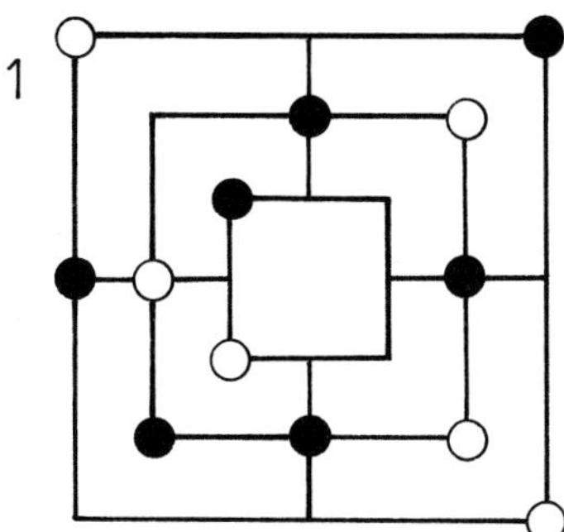

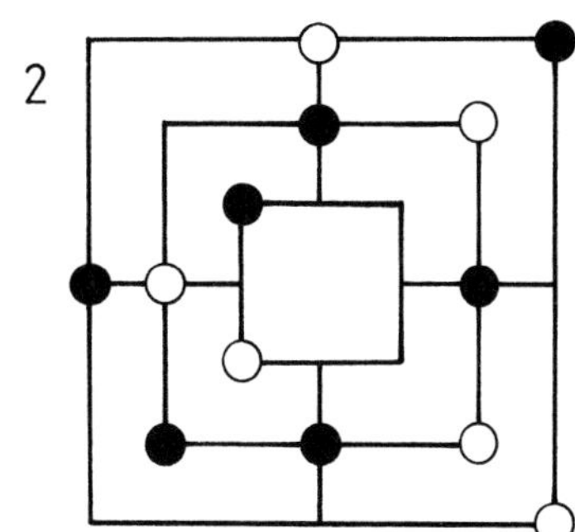

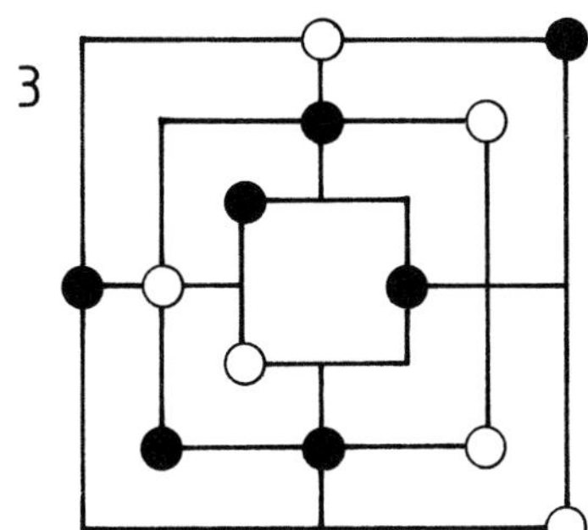

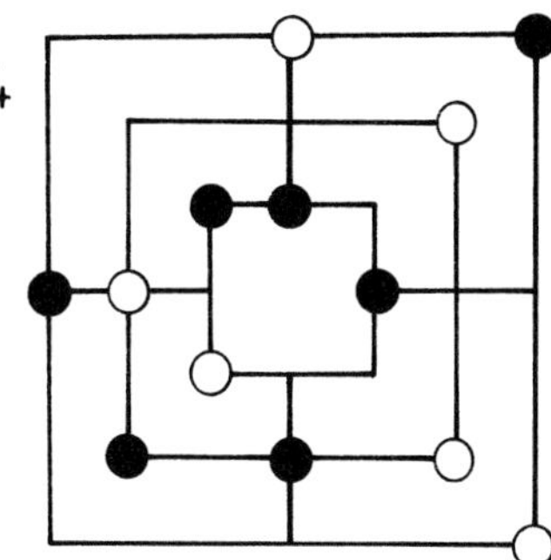

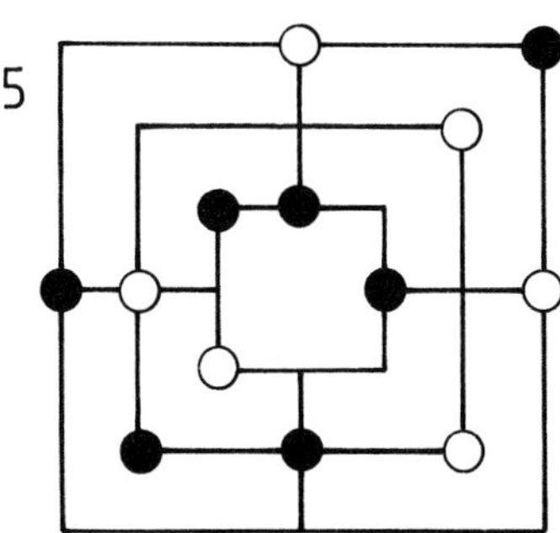

Der Fehler steckt in Zug ________, denn ____.

▸▸ Lösung siehe Seite 142

Denken Sie noch an die Kinderarztpraxis von Seite 84?

Aufgabe 102: Alkoholische Getränke – aber nicht so früh am Tag

An der Reihenfolge dieser Getränke stimmt etwas nicht. Wo liegt der Fehler?

Malzbier

Schankbier

Vollbier

Sherry

Wein

Korn

Strohrum

Falsch eingeordnet ist ______________, denn ______________________________.

⏩ Lösung siehe Seite 142

Aufgaben des induktiven Denkens

Auf Seite 66 und auf Seite 83 waren Ihnen die sechs Aufgabenklassen vorgestellt worden, die in diesem Training besonders häufig auftreten. Das sind die Aufgaben, die induktives Denken erfordern, also das Entdecken von Regelhaftigkeiten oder Gesetzmäßigkeiten. Drei der Aufgabenklassen fordern das Vergleichen von Merkmalen von Objekten, drei das Vergleichen von Beziehungen zwischen Objekten.

Daneben kommen noch Aufgaben zum Gedächtnistraining, zum Konzentrationstraining und zum deduktiven Denken vor. Als Nächstes folgen Aufgaben, die eine spezielle Form anspruchsvollen deduktiven Denkens verlangen.

Aufgabe 103: Von Stern, Kegel, Kugel ...

Diese Aufgaben fordern räumliches Vorstellen und deduktives Denken. Die Aufgaben sind kinderleicht, wenn Sie sich die beschriebenen Situationen aufmalen. Der Pfiff ist dann aber raus: Sie sollten versuchen, sich die Lage der Figuren zueinander nur vorzustellen und dann die Lösung finden.

Aufgabe 1

Der Stern liegt rechts von der Kugel.
Der Kegel liegt links von der Kugel.

Wie liegt der Kegel zu dem Stern?

- ☐ *Der Kegel liegt links vom Stern.*
- ☐ *Der Kegel liegt rechts vom Stern.*
- ☐ *Der Kegel liegt rechts von der Kugel.*
- ☐ *Es ist keiner dieser Schlüsse möglich.*

Aufgabe 2

Die Kugel liegt links vom Stern.
Der Kegel liegt rechts von der Kugel.

Wie liegt der Kegel zum Stern?

- ☐ *Der Kegel liegt links vom Stern.*
- ☐ *Der Kegel liegt rechts vom Stern.*
- ☐ *Keiner dieser Schlüsse ist möglich.*

Aufgabe 3

Der Würfel liegt links vom Kreuz.
Die Kugel liegt rechts vom Kreuz.
Der Stern liegt vor dem Würfel.
Das Dreieck liegt vor der Kugel.
Der Halbmond liegt vor dem Kreuz.

Welche Aussage ist richtig?

- ☐ *Das Dreieck liegt links vom Stern.*
- ☐ *Das Dreieck liegt links vom Halbmond.*
- ☐ *Das Dreieck liegt rechts vom Halbmond.*
- ☐ *Keiner dieser Schlüsse ist möglich.*

Lösung siehe Seite 142

Aufgabe 104: Reihen fortsetzen

In dieser Aufgabe finden Sie Folgen oder Reihen von Buchstaben oder Zahlen, die nicht vollständig sind. Ihre Aufgabe ist es, die *Gesetzmäßigkeit* zu erkennen und die Lücke auszufüllen. Ergänzen Sie immer die Lücke, indem Sie Ihre Antwort hineinschreiben. Schreiben Sie die gefundene Regel rechts neben die Antwort.

1)	b	d	f	h	j	l	____	____________
2)	kk	m	oo	q	ss	u	____	____________
3)	d	c	h	g	l	k	____	____________
4)	a	b	d	g	k	p	____	____________
5)	z	y	w	t	p	k	____	____________
6)	4	5	6	5	6	7	____	____________
7)	9	1	8	2	7	3	____	____________
8)	33	25	30	22	27	19	____	____________
9)	4	12	9	27	24	72	____	____________
10)	32	8	16	4	12	3	____	____________

» Lösung siehe Seite 142

Aufgabe 105:
In der Kinderarztpraxis

Hier sollen Sie zeigen, was Sie aus der Kinderarztpraxis (Aufgabe 84) behalten haben

- Woran litt Ingo Brach? ______
- Wie war der Vorname des Kindes, das wegen des Erbrechens kam? ______
- Wie alt war das Kind von Frau Ingeborg Vogel? ______
- Wie hieß das Kind, das Frau Strogis vorstellte? ______
- Wo wohnt Annegret Kling? ______
- Woran litt das Kind, das Frau Mertens brachte? ______
- Ein Kind wurde zur Vorsorgeuntersuchung gebracht. Das war ______
- Ein anderes Kind kam wegen der Eignung zum Kindergartenbesuch. Das war ______
- Wie hieß das Kind mit dem Magen-Darm-Infekt? ______
- Der Sohn von Gerd Hees hatte Anfälle. Wie alt war er? ______
- Die kleine Elfie hatte Mandelentzündung. Wie war ihr Nachname? ______
- Wie hieß das Kind mit dem ausländischen Nachnamen? ______
- Welches Kind kam zum Impfen? ______
- Wie hieß der kleine Ruschke mit Vornamen? ______

⏩ Lösung siehe Seite 84

Aufgabe 106:
Vermehrungsraten von Bakterien

Die folgende Tabelle stellt fiktive Vermehrungsraten eines Bakteriums in einer Nährlösung dar. Die Vermehrungsrate hängt einerseits von der Zeit ab, die den Bakterien gegeben ist, andererseits von der Temperatur. Finden Sie heraus, welchen Einfluss Zeit und Temperatur ausüben, und ergänzen Sie die fehlenden Angaben. Das schaffen Sie nur, wenn Sie die vorhandene Information wirklich ausschöpfen.

	Vermehrungsrate			
Temperatur	**0 min**	**2 min**	**4 min**	**6 min**
15°	2			
20°	4		64	256
25°		64	512	4096
30°		256	4096	65 536

▸▸ Lösung siehe Seite 143

Aufgabe 107:
Das Sinfonieorchester

Vor der Aufführung einer Sinfonie sind die Plätze der einzelnen Instrumentengruppen einzurichten. Anschaulich kann man sich dabei eines solchen Plans bedienen. Bei diesem Plan sind allerdings einige Instrumente an der falschen Stelle. Finden Sie heraus, welche das sind.

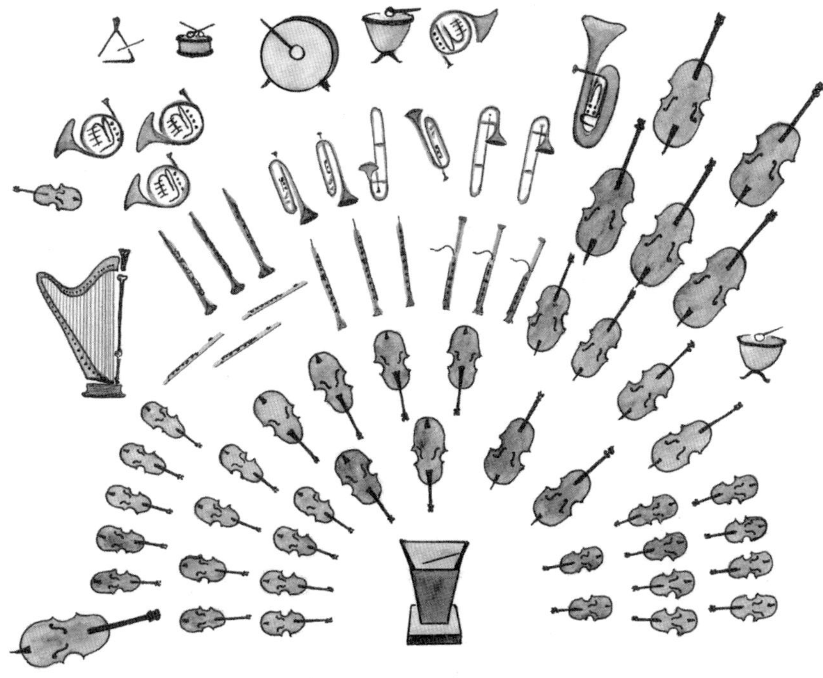

________________ gehört ________________

________________ gehört ________________

________________ gehört ________________

________________ gehört ________________

________________ gehört ________________

________________ gehört ________________

Lösung siehe Seite 143

Aufgabe 108: Ein Blick in unser Sonnensystem

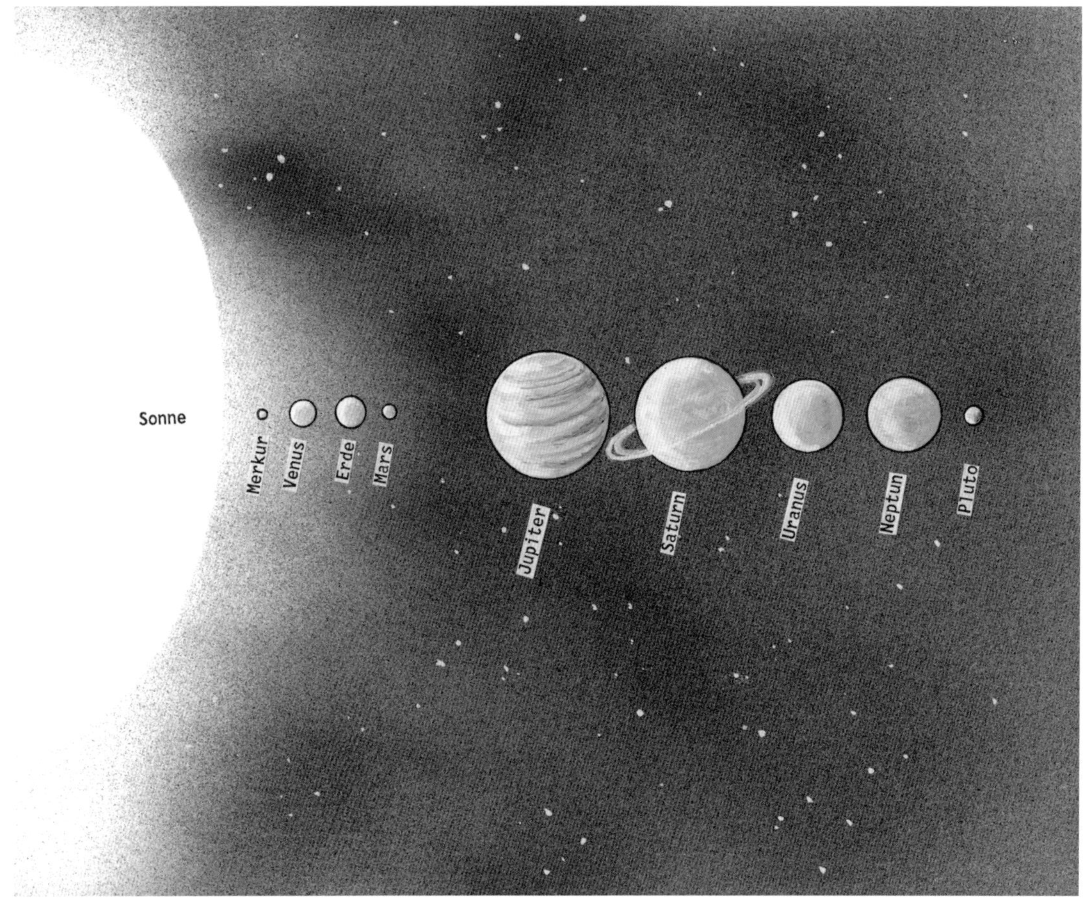

In der oben stehenden Abbildung sehen Sie die Anordnung und Größenverhältnisse der Planeten in unserem Sonnensystem. Benennen Sie nun im unten stehenden Schema die Beziehungen, die durch Pfeile dargestellt sind, und ersetzen Sie das Fragezeichen durch den passenden Planeten.

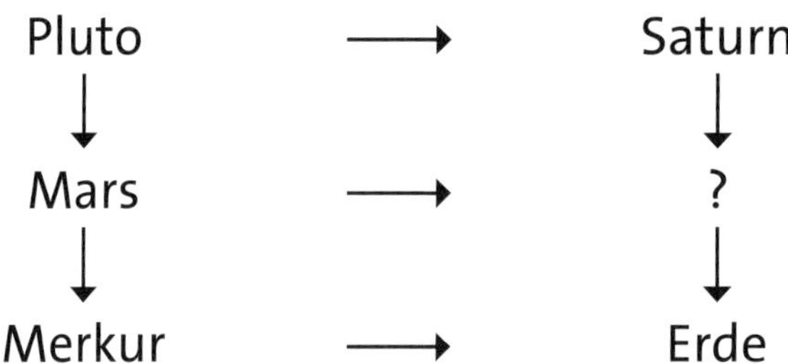

Der Pfeil (→) bedeutet: ____________________. Der Pfeil (↓) bedeutet ____________________.

An Stelle des Fragezeichens gehört der Planet ______________________________.

▸▸ Lösung siehe Seite 143

Aufgabe 109:
Jetzt fahr'n wir übern See ...

Bodensee

Chiemsee

Plattensee

Aralsee

Gardasee

Zürichsee

Neuenburger See

Vänersee

Der ______________________ gehört nicht hierher, denn ______________________________.

» Lösung siehe Seite 143

Aufgabe 110: Textinterpretation

Der Philosoph Immanuel Kant (1724–1804) hat in seiner «Kritik der reinen Vernunft» folgenden Text stehen. Ihre Aufgabe ist, den Text zu verstehen und die daran anschließenden Aussagen zu überprüfen, ob sie mit Kants Äußerungen inhaltlich übereinstimmen.

Dass alle unsere Erkenntnis mit der Erfahrung anfange, daran ist gar kein Zweifel; denn wodurch sollte das Erkenntnisvermögen sonst zur Ausübung erweckt werden, geschähe es nicht durch Gegenstände, die unsere Sinne rühren und teils von selbst Vorstellungen bewirken, teils unsere Verstandestätigkeit in Bewegung bringen, diese zu vergleichen, sie zu verknüpfen oder zu trennen, und so den rohen Stoff sinnlicher Eindrücke zu einer Erkenntnis der Gegenstände verarbeiten, die Erfahrung heißt? Der Zeit nach geht also keine Erkenntnis in uns vor der Erfahrung vorher, und mit dieser fängt alle an.

Wenn aber gleich alle unsere Erkenntnis mit der Erfahrung anhebt, so entspringt sie darum doch nicht eben alle aus der Erfahrung. Denn es könnte wohl sein, dass selbst unsere Erfahrungserkenntnis ein Zusammengesetztes aus dem sei, was wir durch Eindrücke empfangen, und dem, was unser eigenes Erkenntnisvermögen (durch sinnliche Eindrücke bloß veranlasst) aus sich selbst hergibt, welchen Zusatz wir von jenem Grundstoffe nicht eher unterscheiden, als bis lange Übung uns darauf aufmerksam und zur Absonderung desselben geschickt gemacht hat.

Entscheiden Sie, ob die Aussagen mit der Meinung Kants übereinstimmen.	Ja	Nein
1) Erkenntnis und Erfahrung sind dasselbe.	☐	☐
2) Erkenntnis fängt mit der Erfahrung an.	☐	☐
3) Erfahrung kann zur Erkenntnis führen, muss aber nicht.	☐	☐
4) Erkenntnis beginnt erst mit der Sinnesempfindung.	☐	☐
5) Erkenntnis entsteht erst, wenn die Sinnesempfindung verarbeitet wird.	☐	☐
6) Unsere Erkenntnis stammt vollständig aus der Erfahrung.	☐	☐
7) Erfahrung wird erst zur Erkenntnis durch die Verstandestätigkeit.	☐	☐
8) Der Verstand vergleicht, verknüpft oder analysiert (trennt) sinnliche Eindrücke.	☐	☐
9) Erkenntnis setzt sich zusammen aus Sinneseindrücken und dem, was der Verstand daraus macht.	☐	☐
10) Sinnesempfindungen erzeugen Vorstellungen und sonst nichts.	☐	☐
11) Aus sich selbst fügt der Verstand nichts zur Erfahrung hinzu.	☐	☐
12) Ohne Sinneseindrücke gibt es keine Erfahrung.	☐	☐

Lösung siehe Seite 143

Aufgabe 111: Verstehen Sie was von Textilien?

Der Lehrling eines Textilfachgeschäfts hat seine Stoffmusterkarten durcheinandergebracht und eine Bildkarte sogar verloren. Können Sie ihm helfen, die richtige Beschreibung den noch vorhandenen Bildern zuzuordnen?

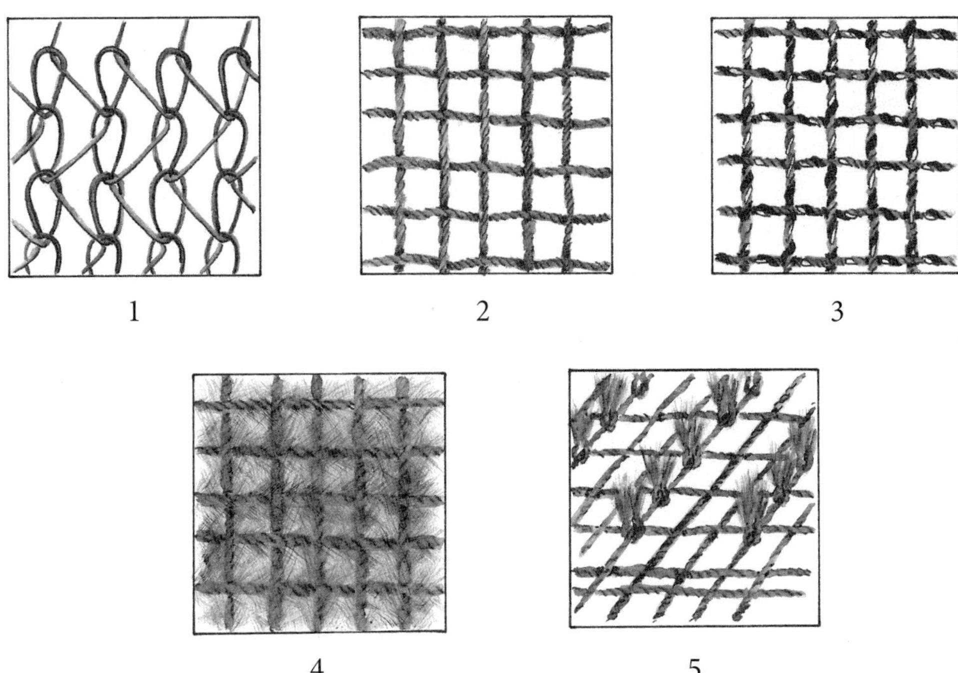

LODEN besteht aus einem Strickgarngewebe mit einer stark verfilzten Oberfläche, dicht gewebt, dick und schwer, für Mäntel und Trachtenmode. Abbildung Nr. ____

TWEED besteht aus grobem Strickgarn, raue, genoppte Oberfläche, wirkt wie handgewebt, für Sakkos und Kostüme. Abbildung Nr. ____

SAMT hat aufrecht stehenden Flor durch Einweben eines dritten Fadens, die entstandenen Schlaufen werden später aufgeschnitten, für Abendkleidung. Abbildung Nr. ____

JERSEY aus Kammgarn oder Baumwolle, labyrinthartig verschlungene Maschen, erscheint gestrickt, für Jacken, Kleider oder Hemden. Abbildung Nr. ____

HALBLEINEN Gewebe mit typischer Bindung, Kette Baumwolle, Schuss Flachs, reißfest, nicht fusselnd, glatt, für Leib-, Tisch- und Bettwäsche. Abbildung Nr. ____

FRESKO Kammgarngewebe, stark gedrehte, harte Fäden, strapazierfähig und langlebig, für schwere Anzüge. Abbildung Nr. ____

⏩ Lösung siehe Seite 143

Aufgabe 112:
Große Unterschiede zwischen Vogelarten

Beziehungen können auch aufgefasst werden als *Änderung* eines Merkmals (einer Eigenschaft). Beispiel: Die Beziehung «… ist größer als …» gilt etwa für den Vergleich von Löwe und Hauskatze. Der Löwe *ist größer als* die Hauskatze. Beide unterscheiden sich im Merkmal *Größe*: Der Löwe ist groß, die Hauskatze ist klein. Die Änderung betrifft also das Merkmal oder die Eigenschaft Größe. *Die Beziehung* «… ist größer als …» kann demnach verstanden werden als die Änderung *des Merkmals* Größe.

Nach dieser Information sind nun Sie dran.

Welche Eigenschaft der Vögel ändert sich in den Zeilen und welche in den Spalten? Anders ausgedrückt: Welche beiden Beziehungen gilt es hier zu finden?

Strauß	**Papagei**	**Geier**
Jagdfasan	**Dompfaff**	**Mauersegler**
Pinguin	**Schneehuhn**	**Kanadagans**

Antwort:
In den Zeilen gilt die Beziehung «…______________________________… ».

Es ändert sich das Merkmal ______________________________.

In den Spalten gilt die Beziehung «…______________________________…».

Es ändert sich das Merkmal ______________________________.

▸▸ Lösung siehe Seite 143

Aufgabe 113: Eine weitere Konzentrationsübung

Es fällt zwar kaum auf, aber auch dieser Fliesenleger hat Fehler gemacht. Wetten, dass Sie die nicht alle finden? Bevor Sie beginnen, sollten Sie sich eine geeignete Strategie ausdenken, wie Sie dabei vorgehen wollen.

Markieren Sie, wo Sie einen Fehler entdecken.

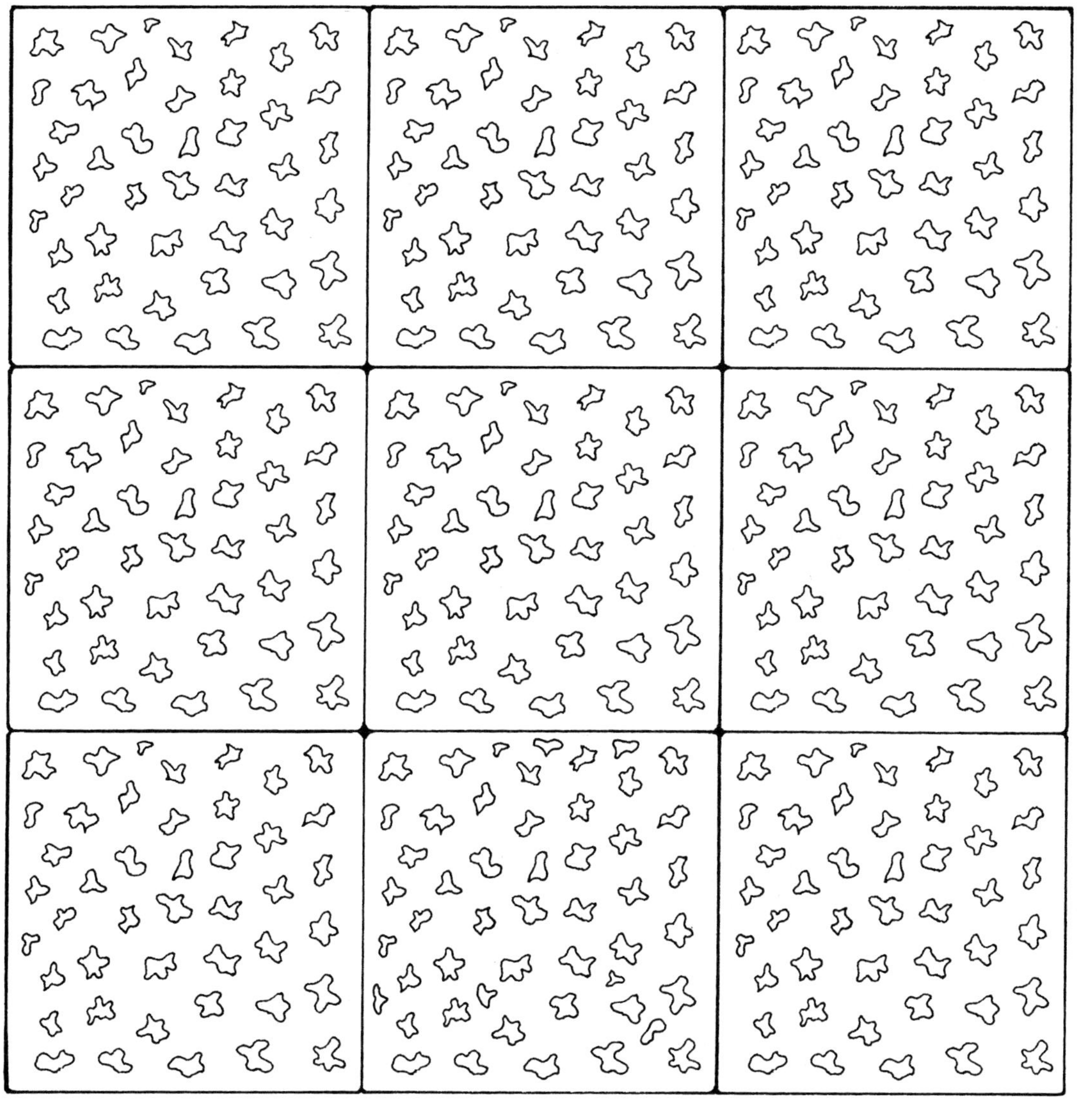

Lösung siehe Seite 144

Aufgabe 114:
Etwas für Damen – aber den Herren schadet's auch nicht

Stellen Sie fest, welches Teil nach folgender Anleitung gestrickt wurde.

Für das Rückenteil 100 Maschen aufschlagen und dann 6 cm 2 rechts 2 links stricken. In der letzten Reihe davon gleichmäßig verteilt 20 Maschen zunehmen (= 120 Maschen). Nach 28 cm glatt rechts für die Armausschnitte beidseitig in jeder zweiten Reihe einmal 4 und viermal 1 Masche abketten (= 104 Maschen). Nach 55 cm Gesamthöhe für den Halsausschnitt die mittleren 24 Maschen und danach beidseitig davon einmal 5, einmal 3 und einmal 2 Maschen abketten (= 34 Maschen). Nach 60 cm Höhe die restlichen Schultermaschen abketten.

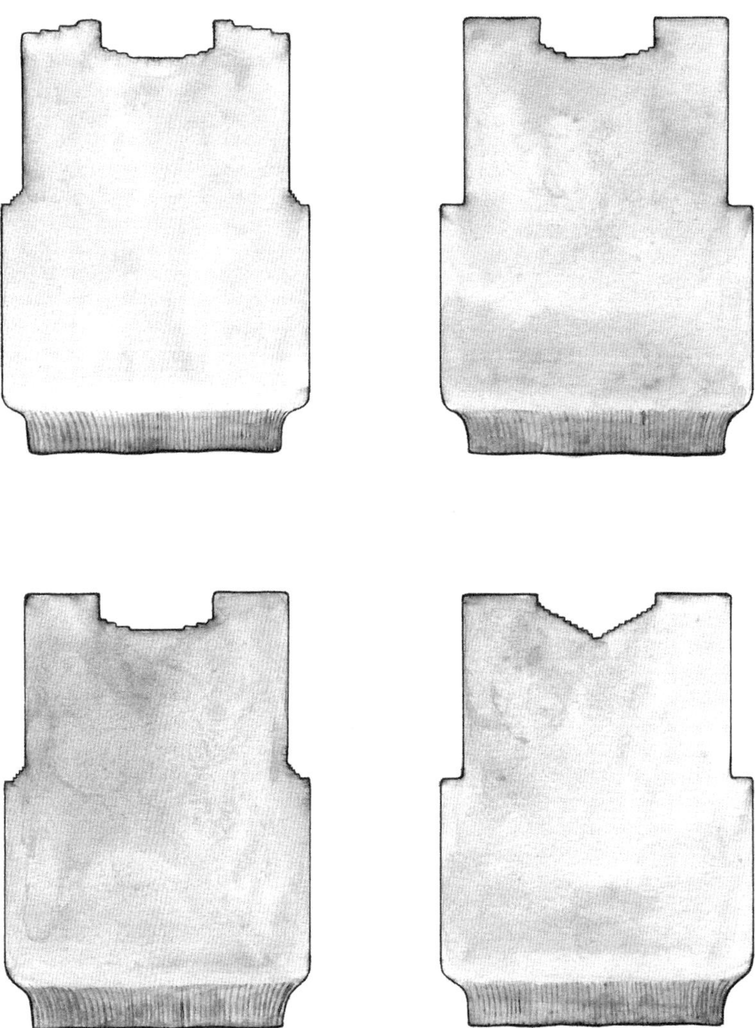

⏩ Lösung siehe Seite 144

Aufgabe 115:
Etwas für Herren – aber den Damen schadet's auch nicht

In einem Buch finden Sie folgenden Text über die Verflüssigung von Luft.

Zur Destillation muss die Luft, die uns umgibt, auf ca. –210°C abgekühlt werden. Dies geschieht mit dem 1895 entwickelten Linde-Verfahren. Dabei wird Luft in einem Verdichter komprimiert (zusammengepresst) und anschließend mit einem Wasserkühler auf Zimmertemperatur abgekühlt. Diese Luft wird durch ein Drosselventil expandiert (ausgedehnt), wobei sie sich wiederum um einen bestimmten Betrag abkühlt. Diese so vorgekühlte Luft benutzt man, um die nächste Ladung Luft noch mehr zu kühlen, und wiederholt den Vorgang so oft, bis die Luft flüssig ist.

Eine der Abbildungen gehört zu dem Text. Welche ist es?

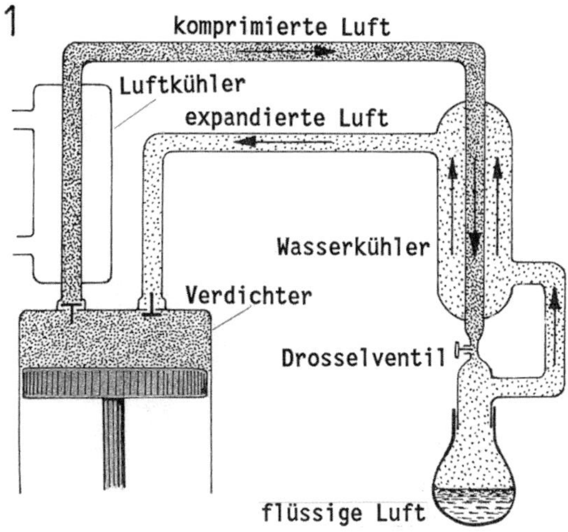

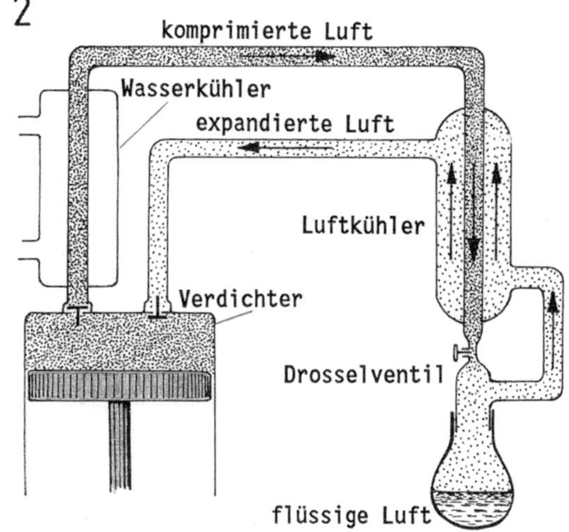

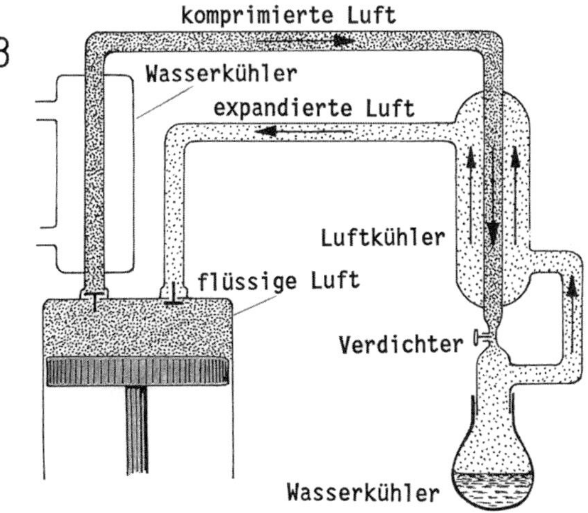

Richtig ist die Abbildung ____

Lösung siehe Seite 144

Aufgabe 116: Ein großes Tennismatch

Wie viele Tennisspieler sind jeweils im Spiel? Tragen Sie Ihre Zahl ein.

Finale	2	Viertelfinale	
Halbfinale		Achtelfinale	

Lösung siehe Seite 144

Aufgabe 117: Die neue Wohnung Ihrer jungen Leute

Die Wohnung hat folgenden Grundriss.

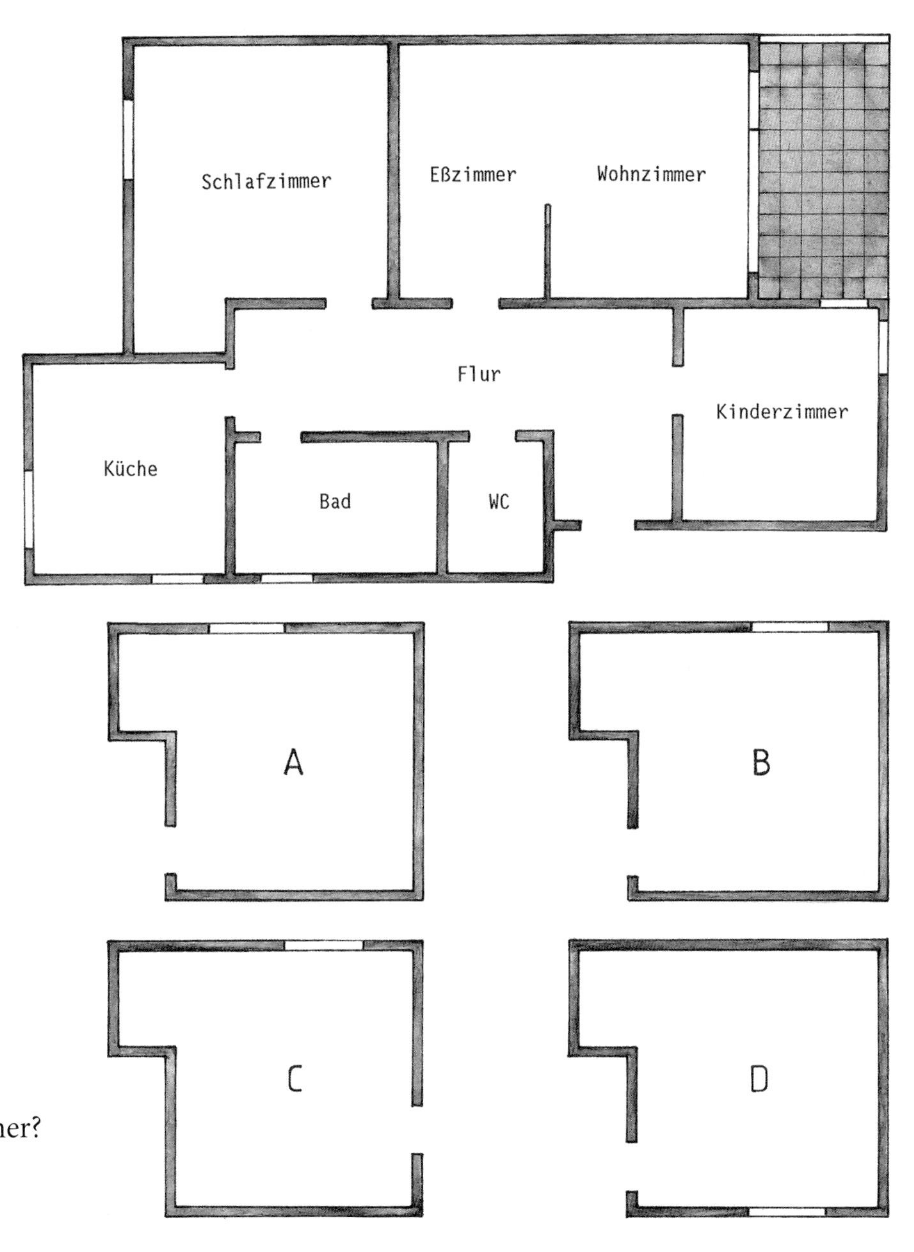

Welches Zimmer A, B, C oder D ist das Schlafzimmer? Das Schlafzimmer ist Zimmer ____.

Lösung siehe Seite 144

Aufgabe 118:
Nicht nur eine kleine Rechnerei

I	$2 \cdot 3 \cdot 2 =$ $6 \cdot 4 : 2 =$ $8 : 2 \cdot 3 =$	III	$26 - 19 + 5 =$ $16 - 11 + 7 =$ $6 + 2 + 4 =$
II	$6 : 3 \cdot 10 =$ $12 \cdot 5 : 3 =$ $2 \cdot 5 \cdot 2 =$	IV	$5 + 3 + 12 =$ $16 - 7 + 11 =$ $15 + 8 - 3 =$

In welche Päckchen gehören diese Aufgaben? Oder passt eine Aufgabe vielleicht gar nicht dazu?

a) $6 : 3 \cdot 6 =$

b) $16 - 8 + 3 + 9 =$

c) $4 \cdot 7 : 2 =$

d) $23 - 17 + 14 =$

⏩ Lösung siehe Seite 145

Aufgabe 119: Zimmerpflanzen machen den Raum wohnlich

Abb. 1

Abb. 2

Abb. 3

Abb. 4

Hier sind fünf Beschreibungen zu den vier Pflanzen. Eine bleibt also übrig. Ordnen Sie die Abbildungen den Beschreibungen bitte richtig zu.

Zimmertanne (Schmucktanne) Abbildung ____
Araukarienart; sie besitzt wunderschöne immergrüne waagrecht stehende Wedel. Vier bis sieben dieser Wedel stehen in Quirlen um den Stamm.

Philodendron erubescens. Abbildung ____
Elegante Kletterpflanze; die glänzenden Blätter sind lang und spitz zulaufend.

Schwertfarn. Abbildung ____
Krautige Pflanze mit großen, gestielten und gefiederten Blättern (Wedel). Auf der Unterseite der in der Jugend stark eingerollten Blätter befinden sich in kleinen Häufchen oder größeren Gruppen die Sporenbehälter.

Schefflera. Abbildung ____
Diese Zimmerpflanze hat sich dank ihrer Anspruchslosigkeit und ihrer hübschen, lockeren Wuchsform schon viele Freunde erworben. Sie besitzt schöne, glänzend-grüne längliche Blätter, die in Quirlen an den Zweigenden wachsen.

Gummibaum. Abbildung ____
Aufrechtwachsende, meist eintriebige Pflanze mit großen, lederartigen, ovalen Blättern. In der Jugend sind sie eingerollt und von einem Nebenblatt umgeben.

⏩ Lösung siehe Seite 145

Aufgabe 120: Dreieckszahlen kennen Sie nicht?

Hier sind die ersten fünf Dreieckszahlen. Wie heißt die Nächste? Erklären Sie bitte.

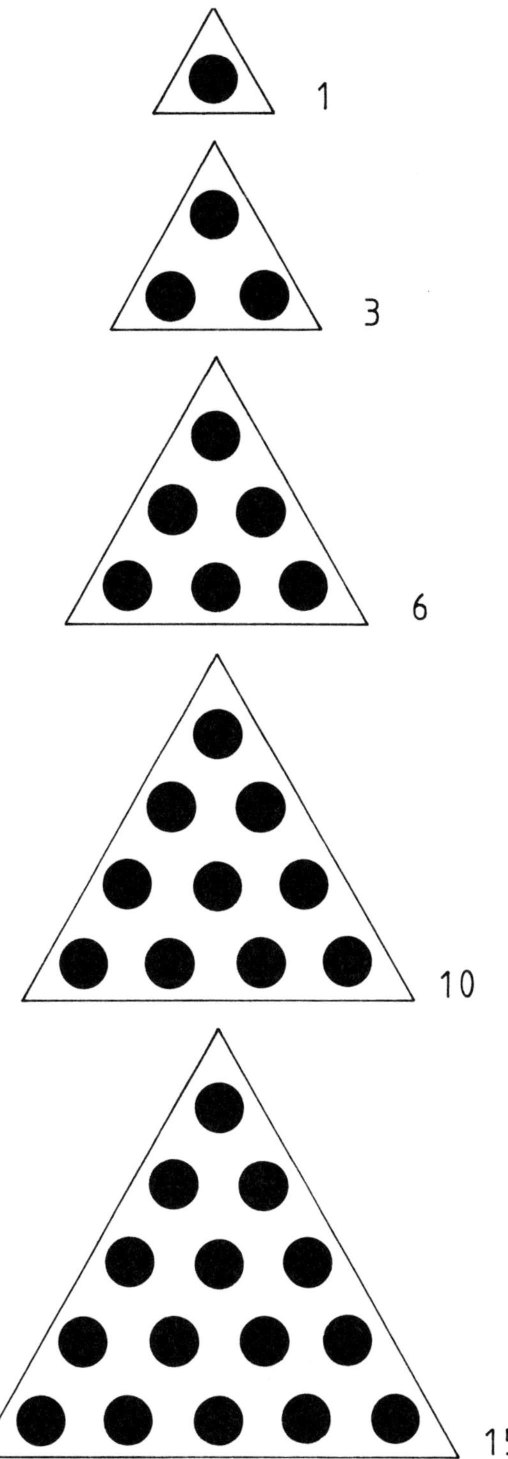

Die nächste Dreieckszahl ist __________, denn ____.

⏩ Lösung siehe Seite 145

Aufgabe 121:
Und zum Schluss: Etwas Geduld für eine Patience

In der Abbildung ist eine fertiggelegte Patience gezeigt. Aber es haben sich einige Fehler eingeschlichen. Mit Sicherheit kann nur gesagt werden, dass die 6. (letzte) Spalte sowie die 8. (letzte) Zeile richtig sind. Finden Sie alle Fehler? Schade, die Karten müssten eigentlich in Farbe sein.

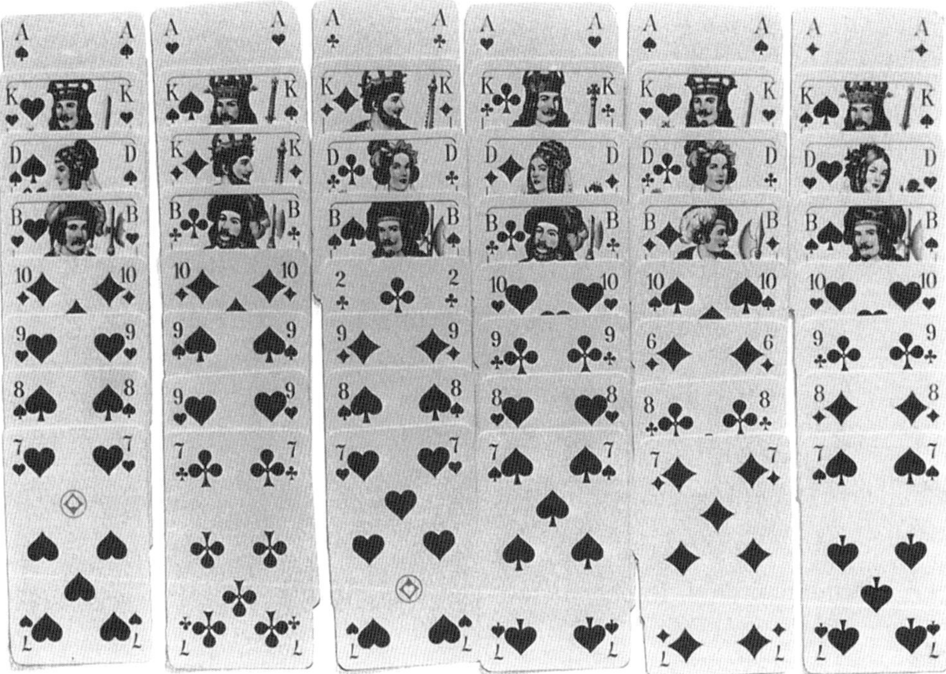

Falsch eingeordnet sind

____

____

____

____

▸▸ Lösung siehe Seite 145

Lösung von Aufgabe 1

Gedeck 1 – das kleine Sherryglas, ein Messer, Serviette; Gedeck 2 – ein Messer, Wasserglas; Gedeck 3 – eine Gabel; Gedeck 4 – ein Löffel, das mittelgroße Weinglas.

Lösung von Aufgabe 2

Das Knie gehört nicht dazu. Es ist kein inneres Organ.
Alle anderen haben eine Eigenschaft gemeinsam, die das Knie nicht hat.

Lösung von Aufgabe 3

Die 12 kann in die Felder A, B, D und E eingesetzt werden. Sie ist nämlich durch 2, 3, 4 und 6 teilbar. Sie ist aber nicht durch 5 teilbar. Teilbarkeit ist eine der Eigenschaften von Zahlen.

Lösung von Aufgabe 4

In Pfeilrichtung gelesen heißt die Beziehung «… ist schneller als …». Die Umkehrung von unten nach oben heißt «… ist langsamer als …» («teurer» und «billiger» gehen natürlich auch). Merken Sie sich: Beziehungen kann man umkehren.

Lösung von Aufgabe 5

Der Fehler steckt in Satz 8. Es geht um zwei Unterhosen, nicht um zwei Unterhemden. Haben Sie es gemerkt? Oder gemogelt?
Bei der Aufgabe ist gefordert, die Gleichheit der Satzglieder zu erkennen. Zwei aufeinanderfolgende Sätze müssen genau gleiche Satzglieder haben – bis auf das neue Satzglied.

Lösung von Aufgabe 6

Die Zeilenregel lautet: Zur jeweils nächsten Mahlzeit 110 kcal weniger. Die Spaltenregel lautet: Am jeweils nächsten Tag 50 kcal weniger.
Bei dieser Aufgabe ging es darum, die Beziehungen zwischen Größen (Zahlen) zu erkennen.

Lösung von Aufgabe 7

Hier war ein Oberbegriff gesucht, der genau drei der Nahrungsmittel einschließt. Käse, Butter und Joghurt sind alle drei Milchprodukte. Öl, Margarine und Butter könnte man auch zusammenfassen, weil man mit ihnen braten kann.

Lösung von Aufgabe 8

Eine der Blüten hat zwar Blütenblätter, aber einen leeren Blütenkorb. Sie stoßen auf die Blüte, wenn sie vom Knoten der Schleife schnurgerade nach oben gehen und sich am Ende etwas links halten. Es ist die vorletzte Blüte und wichtig ist ihre spezielle Eigenschaft.

Lösung von Aufgabe 9

Die Autoren: 1 Goethe, 2 Christian Morgenstern, 3 Mose, 4 Shakespeare, 5 Schiller, 6 Matthäus oder Markus, 7 Shakespeare, 8 Schiller, 9 Kaiser Vespasian, 10 Goethe, 11 Proudhon, 12 Heinrich Heine, 13 Wilhelm Busch, 14 Schiller, 15 Brecht, 16 Shakespeare.

	Altertum	**klassische Epoche**	**19./20. Jahrhundert**
aus Deutschland		1, 5, 8, 10, 14	2, 12, 13, 15
aus einem andern Land	3, 6, 9	4, 7, 16	11

Lösung von Aufgabe 10

Die drei fehlenden Aufgaben lassen sich ohne Rechnerei finden, wenn man die Gesetzmäßigkeit erfasst hat. Haben Sie es gesehen?
Hier die komplette Pyramide. Machen Sie sich bitte nochmals klar, wie sich die vier Positionen verändern.

$$8 \cdot 1 + 1 = 9$$
$$8 \cdot 12 + 2 = 98$$
$$8 \cdot 123 + 3 = 987$$
$$8 \cdot 1234 + 4 = 9876$$
$$8 \cdot 12345 + 5 = 98765$$
$$8 \cdot 123456 + 6 = 987654$$

Lösung von Aufgabe 11

Das Prinzip: Die beiden ersten Figuren werden in besonderer Weise miteinander «addiert», sodass die jeweils dritte Figur entsteht nach dem Muster: a + b = c. In der zweiten Reihe stimmt was nicht. Wenn man die beiden ersten Pfeile addiert, entsteht zwar ein Doppelpfeil, der aber größer ist als der abgebildete.

Lösung von Aufgabe 12

Erstens beginnen die 16 Wörter alle mit der Vorsilbe «re», zweitens sind alle Fremdwörter und drittens bedeuten 15 der 16 Wörter eine Art von Veränderung. Die Vorsilbe «re» kommt aus dem Lateinischen und bedeutet «zurück» oder «wieder». Das Wort «Republik» hat weder etwas mit Veränderung zu tun noch mit der Vorsilbe «re». «Republik» stammt von «res publica» und bedeutet wörtlich «öffentliche Angelegenheit». Heute bezeichnet «Republik» eine Staatsform. *eine andere Lösung:* «Reform» hat als Einziges der Wörter nur zwei Silben.

Lösung von Aufgabe 13

Hier die Antworten zeilenweise von oben nach unten.
Ende – Abend – langsam / Arbeit – Ziel – wahr / Folge – Wirkung – altmodisch / Furcht – Abfall – verlieren / Original – Tenor – speziell / Mangel – Ordnung – höchstens.

Lösung Zusatzaufgabe

Die Beachtung von Eigenschaften oder Merkmalen forderten die Aufgaben 1, 2, 3, 5, 7, 8, 9, 12. Die Beachtung von Beziehungen forderten die Aufgaben 4, 6, 10, 11. Falls Sie eine andere Lösung haben, sollten Sie die Aufgaben noch einmal überprüfen.

Lösung von Aufgabe 14

Beachten Sie, dass die Telefonnummern mit der Ortsvorwahl beginnen. Da die Nachbarn schon lange in derselben Stadt wohnen, müssen alle die gleiche Ortsvorwahl haben. Das ist bei der Nummer d) nicht der Fall.

Lösung Zusatzaufgabe

Zu achten war auf ein Merkmal, das alle Telefonnummern bis auf eine gemeinsam haben sollten, die Ortsvorwahl.

Lösung von Aufgabe 15

Der Rehpinscher gehört nach rechts unten. Der Cockerspaniel gehört in das linke mittlere Feld. Der Bernhardiner ist groß und hat welliges Haar. Der Langhaardackel ist klein und hat welliges Haar. Die Dogge gehört nach oben rechts, der Boxer in das Feld darunter.

Lösung Zusatzaufgabe

Die Aufgaben 9 und 15 haben etwas Wichtiges gemeinsam. Die Einteilung erfolgt aufgrund von Eigenschaften (Herkunft der Zitate, Merkmale von Hunderassen). In Aufgabe 6 geht es aber wesentlich um Beziehungen (hier zwischen Zahlenpaaren).

Lösung von Aufgabe 16

Frau Baruch hilft regelmäßig jeden vierten und danach jeden dritten Tag. So hilft sie am 26. statt am 25. August aus. Hier haben wir es mit einer Zahlenfolge zu tun. Aufeinander folgende Zahlen sind durch die Schritte +4 und dann +3 miteinander verknüpft, also +4, +3, +4, +3 usw.

Lösung Zusatzaufgabe

Aufgabe 16 fordert, die Beziehungen zwischen Zahlenpaaren zu erkennen. Aber es geht auch um die Beziehungen in der Zahlenfolge +4, +3, +4, +3, ….. Diese Folge ist in Aufgabe 16 gestört.

Lösung von Aufgabe 17

Die richtige Reihenfolge ist e, c, f, g, d, h, a, i, b.
Tatsächlich wird die Aufgabe von Mal zu Mal schwieriger, weil es schwer fällt, die in Gedanken weggelegten Stäbchen außer Acht zu lassen, denn auf dem Bild sind sie ja immer noch da. Es kommt also darauf an zu erkennen, welches Stäbchen *unmittelbar auf welchem anderen liegt.* Dabei geht um die Beziehung, die zwischen zwei benachbarten Stäbchen besteht (das zur Zusatzfrage).

Lösung von Aufgabe 18

Verwirrend, dass die Inhalte offensichtlich keine Rolle spielen. In den Zeilen verändert sich das Niveau der angebotenen Kurse. Anfängerkurse stehen oben. Kurse mit mittleren Anforderungen stehen in der mittleren Zeile, Kurse mit den höchsten Anforderungen stehen in der unteren Reihe. Mit den Spalten ändert sich die Kursdauer. Die Kurse dauern von links nach rechts immer länger. Hier war also eine Einteilung nach Klassen nachzuvollziehen.

Lösung von Aufgabe 19

Die Reisen sind so eingerichtet, dass die Zielorte auf der Nord-Süd-Achse etwa auf gleicher Höhe liegen. Die klimatischen Unterschiede sind dann relativ gering. Die Reisen 2, 3 und 6 kommen daher nicht infrage. Für das Frühjahr wird Reise 4 angeboten, für den Sommer Reise 1 und für den Herbst Reise 5.

Lösung von Aufgabe 20

Legen Sie sich ein Schema wie folgt an und tragen Sie ein, was die Postkarte an Informationen preisgibt.

Alter	*Name*	*Ziel*
70	Ingeborg	?
?	Elvira	Notre Dame
63	?	Montmartre
?	Erna	Louvre
62 ist nicht Elvira, sondern ?		?

Im ersten Schritt könnten Sie das Alter von Elvira feststellen, denn es gibt keine andere Wahl. Sie muss 68 sein. Zweiter Denkschritt: Erna muss 62 Jahre alt sein, da die anderen Altersangaben «vergeben» sind. Dritter Schritt: Thea muss 63 und auf Montmartre sein. Also ist Ingeborg zum Eiffelturm unterwegs.

Lösung von Aufgabe 21

Die Axt passt nicht zu den Übrigen. Aber warum nicht? Alle anderen haben einen Drehpunkt, die Axt aber nicht. Haben Sie es wirklich entdeckt? Oder haben Sie einen anderen guten Grund gefunden, die Axt zu nennen? Das wäre dann auch in Ordnung.

Lösung Zusatzaufgabe

Natürlich ging es bei der Aufgabe darum, dasjenige Merkmal zu erkennen, das alle außer der Axt gemeinsam haben.

Lösung von Aufgabe 22

Der Enkel hat sich schon was bei der Anordnung gedacht: Die Form der Briefmarken spielt eine Rolle (quadratisch, rechteckig, dreieckig) und der abgebildete Gegenstand (Pflanze, Tier oder Mensch). Schematisch sieht die Lösung so aus:

	Tiere	Pflanzen	Menschen
Quadratisch		B	D
Dreieckig	C		
Rechteckig	A		

Aufgabe 22 erfordert, gemeinsame Merkmale zu erkennen, aber auch Unterschiede zwischen Merkmalen zu beachten.

Lösung von Aufgabe 23

Am einfachsten findet man die Lösung vom letzten Glied der Formel her. Nach 4, 3, 2, 1 folgt natürlich 0. Ähnlich leicht findet man das Mittelglied. Beim ersten Glied ist es etwas komplizierter: Die Zahl (der Koeffizient) wird immer um 11 kleiner. Haben Sie's gefunden?

Lösung Zusatzaufgabe

Die Aufgabe erinnert an Aufgabe 10. In beiden Fällen kommt man leicht zur Lösung, wenn man auf gleiche Beziehungen zwischen Zahlen achtet.

Lösung von Aufgabe 24

Hinzugekommen ist die Kehrschaufel (1. Reihe Mitte) und der Stuhl mit der runden Rückenlehne (letzte Reihe Mitte). Haben Sie wenigstens eines entdeckt?

Lösung von Aufgabe 25

Die Schritte 9 und 10 sind vertauscht: Erst muss der Teig aufs Backblech, ehe er gebacken werden kann. Die Beziehung, die zwischen zwei Schritten einer Handlungsfolge herrschen muss, lautet in allen Fällen «… *folgt unmittelbar nach* …».

Lösung von Aufgabe 26

Mit den Jahren wurden die Cremes um 2, 4, 6 und 8 Euro teurer. Die Gesetzmäßigkeit beruht auf gleichen Beziehungen zwischen Zahlenpaaren, beziehungsweise auf gleichem Zuwachs von Jahr zu Jahr. Dieses Jahr kosten die Cremes dann (von A bis D) 48, 39, 33 und 30 Euro.

Lösung von Aufgabe 27

Leicht war es, den Bandwurm den Würmern zuzuordnen, und das Pferd ist zweifellos ein Säugetier. Die Eidechse gehört zu den Kriechtieren, aber was ist mit dem Vogel? Die Vögel bilden eine eigene Unterklasse der Wirbeltiere. Die Unterklasse war ganz rechts an die freie Stelle neben den Kriechtieren einzutragen. Haben Sie es geschafft? Bei hierarchischen Strukturen geht es darum zu beachten, welche Merkmale gemeinsam sind.

Lösung von Aufgabe 28

Bei der ersten Aufgabe ist Lösung c) richtig. Wenn man nur die gegebene Information berücksichtigt, so kann man nicht sicher sein, dass es wirklich Frau Helf war, die die Blumen gegossen hat.
Bei der zweiten Aufgabe ist Lösung a) richtig. Da Bauer Huber kein Krabbelzid gespritzt hat, besteht kein Hinderungsgrund, um Insektokill zu verwenden. Er kann es also einsetzen.
Diese beiden Aufgaben forderten deduktives Denken.

Lösung von Aufgabe 29

Hier zur Kontrolle der komplette Text. Zählen Sie bitte genau, wie viele Abweichungen festzustellen sind. Aber bitte nicht schummeln.

Der Wesir und die Kinder

In sehr alten Zeiten lebte einst ein Padischah, der hatte einen Wesir. Einmal erzürnte sich der Padischah über ihn, nahm ihm alles Vieh ab, das jener, während er in seinen Diensten gestanden hatte, an sich gebracht hatte, und jagte ihn auf und davon. Lange Zeit fand der Wesir keine neue Aufgabe und beklagte sich bitter, weil er keine Gelegenheit hatte, sich in den Augen seines Gebieters zu rechtfertigen.

Eines Tages, als er ziellos einherschlenderte, lenkten ein paar Kinder seine Aufmerksamkeit auf sich. Sie spielten Padischah und Wesir. «Du bist ein schlechter Wesir», sagte der Knabe, der den Padischah spielte, «ich nehme dir dein Vieh weg und jage dich davon». Erwiderte der Knabe, der den Wesir spielte: «Oh mein Padischah, ein Tyrann kann seinem Untertan jede Ungerechtigkeit widerfahren lassen.» «Nein», entgegnete der Knabe, der den Padischah spielte, «ich bin kein Tyrann, sondern ein gerechter Herrscher.» «So nimm denn mein Vieh», sagte der Knabe, der den Wesir spielte, «aber gib mir die Gesundheit zurück, die ich in deinen Diensten eingebüßt habe ...». Als der Wesir diese Worte vernahm, dachte er bei sich: Das hätte auch ich meinem Padischah sagen müssen. Die Kinder haben offensichtlich mehr Verstand als ich. Nach Hause zurückgekehrt, setzte er sich hin und schrieb einen Brief an den Padischah.

0 Fehler: Sehr gut	1 bis 2 Fehler: Gut
3 Fehler: Befriedigend	4 und mehr Fehler: Leider nicht befriedigend

Lösung von Aufgabe 30

Haben Sie die Regel gefunden? Immer *plus 4* und *minus die Hälfte* (oder *dividiert durch 2*). Die vorletzte Zahl muss dann 18 statt 20 heißen.

Lösung von Aufgabe 31

Die Gabeln unterscheiden sich zwar alle voneinander. Dennoch fällt eine heraus, weil sie fünf statt vier Zinken besitzt. Es ist die vierte von oben.

Lösung Zusatzaufgabe 31

Gemeinsam haben die Aufgaben 30 und 31, dass jeweils ein störendes Element zu finden ist. Sie *unterscheiden* sich darin, dass in einem Fall *Beziehungen*, im andern Fall *Merkmale* den Ausschlag geben. Bei allen Zahlenfolgen, Wortfolgen usw. ist immer auf die *Beziehung* zu achten, die zwischen den Nachbarn herrscht. In beiden Fällen zeichnet sich der Störenfried dadurch aus, dass er ein *verschiedenes* Merkmal aufweist, beziehungsweise in einer *verschiedenen* Beziehung zum Vorgänger steht. Es kommt bei induktiven Aufgaben immer darauf an, auf Gleichheit oder Verschiedenheit bei Merkmalen oder bei Beziehungen zu achten.

Schauen Sie sich die beiden Aufgaben erneut darauf hin an.

Lösung von Aufgabe 32

Oben links sind die Reisebücher. Dazu gehören noch die Titel Nr. 3, 5 und 8. Oben rechts finden Sie die schöngeistige Literatur, dahin kommen die Titel Nr. 4 und 6. Krimis liegen im mittleren Paket links, sodass Nr. 9 hierher zu setzen war. Daneben liegen die politischen Bücher. Nr. 1 gehört noch dazu. Die Ratgeberliteratur beendet den Reigen. Hierher gehören die Titel Nr. 2 und 7.

Lösung Zusatzaufgabe

Bei Klassifikationsaufgaben ist stets darauf zu achten, welche *Merkmale* die Dinge *gemeinsam* haben und in welchen sie sich *unterscheiden*.

Lösung von Aufgabe 33

1. Zeile: K, 2. Zeile: H, 3. Zeile: F, 4. Zeile: K, 5. Zeile: S – S, 7. Zeile: K – H, 8. Zeile: F – K, 10. Zeile: F – S – H, 12. Zeile: F – K – H – S – F – K. Hier kam es darauf an, die Reihenfolge zu erkennen, in der die Symbole aufeinander folgen. Es handelt sich ja immer um dieselbe Folge oder Serien von Symbolen.

Lösung von Aufgabe 34

Das war ja leicht. Die Zahlen haben 1, 3, 5, 7 und 9 Stellen. Also war die siebenstellige Zahl zu ergänzen. War dabei in erster Linie auf Merkmale oder auf Beziehungen zu achten?
Die Anzahl der Stellen ist zwar eine Eigenschaft (ein Merkmal) von Zahlen. Aber dass die Differenz immer +2 ist, stellt eine Beziehung zwischen Zahlenpaaren dar. Kompliziert?

Lösung von Aufgabe 35

So sehr schwer war das denn doch nicht. Hier die richtige Reihenfolge: liegen, stehen, langsam gehen, schnell gehen, Treppensteigen, rudern.

Lösung von Aufgabe 36

Die Zahlen haben alle gleich viele Stellen, und ob sie gerade oder ungerade sind, spielt auch keine Rolle. Alle beginnen aber mit den Zahlen 13947, während nur eine mit 13942 beginnt. Diese Nummer muss sich dann auf das Sachbuch beziehen.

Lösung von Aufgabe 37

Heini Schwindler war der Bösewicht. Der Wirbel auf seinem Fingerabdruck verrät ihn.

Lösung Zusatzaufgabe

In Aufgabe 1 wie in Aufgabe 37 kam es darauf an, sehr sorgfältig zu vergleichen. In beiden Fällen waren Merkmale zu beachten. Nur dann konnte man die Lösungen entdecken.

Lösung von Aufgabe 38

Es lag nahe, die 55 zu streichen: Erstens ist sie so auffällig platziert. Zweitens gehören alle andern zur Einmaleinsreihe 15 (oder sind durch 3 teilbar), nur nicht die 55. Drittens bestehen alle anderen aus zwei *verschiedenen* Ziffern.

Lösung von Aufgabe 39

Die richtige Reihenfolge nach der Entstehung der Fotos lautet:
T, B, M, W, E, S, H. Man kann auch T an den Schluss setzen (Kindstaufe *nach* der Hochzeit).

Lösung von Aufgabe 40

Der Enkel dürfte sich allenfalls für die Lehrstelle als Koch interessieren, da sie ins Hotelfach schlägt.

Eine Strategie zur Lösung von Aufgabe 41

Es ist nicht ganz einfach, die Aufgabe zu lösen, ohne in ein Durcheinander zu geraten. Hier der Tipp: Markieren Sie erst die zwölf Zeilen mit den Buchstaben A, B, C … L. Dann greifen Sie zwei beliebige heraus und schreiben die beiden Buchstaben auf ein Blatt Papier, die leichtere Form nach oben, die schwerere (mit deutlichem Abstand!) darunter. Jetzt nehmen Sie sich die nächste Beschreibung vor und ordnen den entsprechenden Buchstaben ein – und so immer fort, bis Sie die zwölf Buchstaben schön untereinander haben. Jeder Buchstabe bekommt dann seine Zahl, die Sie endlich in Aufgabe 41 übertragen können. Die richtige Lösung steht auf Seite 130.

Lösung von Aufgabe 41

Von oben nach unten gelten diese Schweregrade: 10, 2, 9, 6, 12, 4, 7, 1, 8, 11, 3, 5.

Lösung von Aufgabe 42

Neu hinzugekommen sind die beiden Hasen in der ersten Zeile, ein Huhn (zweite Zeile) sowie das Eichhörnchen in der dritten Zeile ganz rechts. Das war leicht zu verwechseln mit dem Eichhörnchen in der dritten Zeile ganz links.
Hat sich Ihre Strategie bewährt? Wenn nicht, sollten Sie nächstens nach einer besseren Strategie Ausschau halten.

Lösung von Aufgabe 43

In die Spalten gehören die großen Erdteile Asien, Europa, Amerika und Afrika. In die erste Zeile kommen Flüsse, in die zweite Gebirge. Die Flüsse sind rasch eingeordnet: Der Ganges gehört nach Asien, Donau und Rhein gehören nach Europa, Missisippi und Amazonas nach Amerika und der Nil nach Afrika. Ähnlich leicht sind die Gebirge einzuordnen: Der Himalaya gehört nach Asien, die Alpen und Pyrenäen nach Europa, die Rocky Mountains und die Anden nach Amerika und das Atlasgebirge nach Afrika.

Lösung Zusatzaufgabe

In den Aufgaben 40 und 43 war zu klassifizieren oder ordnen – und zwar nach Merkmalen. In der Aufgabe 41 war ebenfalls zu ordnen, aber nach dem Schweregrad, also nach der Beziehung «… ist schwerer als …».

Lösung von Aufgabe 44

Linke Spalte: Vertikale Lageveränderung   Rechte Spalte: Horizontale Lageveränderung
1. Zeile: Sport auf der Erde   2. Zeile: Wassersport   3. Zeile: Luftsport

Lösung von Aufgabe 45

Die Rose passt nicht dazu. In dem Beet sind Knollengewächse vereint, und da fällt die Rose aus dem Rahmen.

Lösung Zusatzaufgabe

In Aufgabe 38 ging es ebenfalls darum, ein Element zu finden, das nicht zu den anderen passt. Da ging es zwar um Zahlen, aber ansonsten um eine vergleichbare Anforderung.

Das entsprechende deutsche Sprichwort heißt «Wer rastet, der rostet».

Lösung von Aufgabe 46

Die waagrechten Pfeile bedeuten eine Teil-Ganzes-Beziehung, links steht der Teil, rechts das Ganze, zu dem der Teil gehört. Der senkrechte Pfeil kann gedeutet werden als «... steckt in ...»: Der Fuß steckt in der Socke, Fuß mit Socke stecken im Schuh. Möglich ist auch die Beziehung «... wird bedeckt durch ...» oder «... wird geschützt durch ...».

Lösung Zusatzaufgabe

Da kommt nur Aufgabe 41 in Frage. Dort ging es um die Stärkegrade von Erdbeben.

Lösung von Aufgabe 47

XXX = 30 XL = 40 LXX = 70 CCC = 300 CD = 400 D = 500 CM = 900

Lösung Zusatzaufgabe

1999 = MCMXCIX 2001 = MMI 2010 = MMX
MDCCLXIV = 1764 MDLV = 1555 DCLXVI = 666

Lösung von Aufgabe 48

Die Früchte sind Apfel, Quitte und Ananas. Die Getränke sind Cola, Tee und Kaffee, und bei den Wettererscheinungen handelt es sich um Regenbogen, Blitz und Schnee.

Lösung von Aufgabe 49

In jeder Zeile stehen zwei Städtenamen: Berlin – Bremen; Leipzig – Rostock; Kiel – Hannover; Hamburg – Düsseldorf; Köln – Stuttgart; München – Frankfurt; Mainz – Mannheim; Dortmund – Ulm; Augsburg – Essen; Magdeburg – Dresden.

Lösung von Aufgabe 50

Die Lösung lautet 78569. Die einzelnen Ziffern werden hier der Reihe nach vertauscht (permutiert). So einfach war das, man muss nur drauf kommen.

Lösung von Aufgabe 51

Das Salz gehört nicht dazu. Alle anderen sind pflanzliche Gewürze, nur das Salz ist ein mineralisches Gewürz. Hier musste also ein Oberbegriff gefunden werden, der alle bis auf das Salz einschloss. Oder haben Sie einen anderen Oberbegriff gefunden, der nur ein einziges Gewürz ausschloss?

Lösung von Aufgabe 52

Der Reihe nach von oben nach unten ergeben sich diese Lösungen:
Pflanze, Geld, Dublin, Katze, Trost, viele, Werkstück, sonnig, Intelligenz, Wasserdampf, Fehler, Pferd. Sollten Sie mal ein anderes Wort mit annähernd gleicher Bedeutung eingesetzt haben, so ist das natürlich in Ordnung. Möglicherweise haben Sie aber hier oder da an eine ganz andere Beziehung gedacht. Wenn zwischen *beiden* Wortpaaren die *wirklich gleiche Beziehung* besteht, so haben Sie dennoch korrekt gearbeitet, auch wenn Sie eine andere Lösung gefunden haben.

Lösung von Aufgabe 53

Die Kutsche kann am ehesten als Vorläufer für den PKW gelten.

Lösung von Aufgabe 54

Die älteste Fußbekleidung ist die Ledersandale Nr. 5, die jüngste der Turnschuh Nr. 3. Dazwischen liegen die Nummern 4, 6, 2 und 1. Die endgültige Reihenfolge lautet also 5, 4, 6, 2, 1, 3. Die Aufgabe lässt sich nur mit historischem Wissen lösen. Trösten Sie sich also, wenn Ihre Lösung nicht ganz richtig war. Denken alleine genügte dieses Mal nicht.

Lösung von Aufgabe 55

Ganz einfach – die Zahlen sind alle ungerade.

Lösung von Aufgabe 56

Sie haben sicher rasch herausgefunden, dass oben Verben und unten Substantive stehen, also Zeitwörter und Hauptwörter. Aber dann war guter Rat teuer? Oder haben Sie gesehen, dass jetzt nur noch die Anfangsbuchstaben von Belang sind?

Lösung von Aufgabe 57

Die richtige Antwort lautet «ist gelesen worden». In der linken Spalte stehen Aktivformen, in der rechten Passivformen. Insofern kommt nur eine der beiden letzten Auswahlantworten infrage. In der zweiten Zeile ist die Perfektform (vollendete Vergangenheit) vorgegeben. Von daher kam dann nur «ist gelesen worden» infrage.

Lösung Zusatzaufgabe

Nr. 57 ist nur eine andere Darstellung einer Analogieaufgabe. Aus der linken Spalte ist die Beziehung zu entnehmen, die in der rechten Spalte angewandt werden soll.
Aufgabe 53 war auch eine Analogieaufgabe, nur eine mit Bildern.

Lösung von Aufgabe 58

Hier die richtigen Lösungen: Bett (5), Sänger (3), Radio (4), Fluss (1), Gras (2), Platte (5), Kleid (2), Ufer (3), Zug (1). Auf die Umlautbildung brauchte also nicht geachtet zu werden, sondern nur auf die Art der Endung. Das ist eine typische Klassifikationsaufgabe.

Zusatzaufgabe

War auf Merkmale oder auf Beziehungen zu achten? (Sehen Sie hierzu S. 134, falls Sie unsicher sind).

Lösung von Aufgabe 59

Der vertikale Pfeil bedeutet, dass die Pflanzen von oben nach unten an Größe zunehmen. Der horizontale Pfeil bedeutet, dass die jeweils linke Pflanze eher blüht als die jeweils rechte.

Lösung Zusatzaufgabe

Hier ging es natürlich darum, die Beziehungen zwischen den Paaren von Blumen zu erfassen. Dabei kommen nur zwei Beziehungen in Frage.

Lösung von Aufgabe 60

Falsch sind 75 Aufgaben. Wenn Sie was anderes haben, so sollten Sie nachprüfen, wo Sie sich geirrt haben.

Lösung von Aufgabe 61

Der *Zuwachs* der Erhöhung betrug immer 5 Euro. So ergeben sich folgende Mieterhöhungen: 10, 15, 20, 25, 30 und eben 35 Euro.

Zusatzaufgabe von Seite 133

Natürlich ging es hier um Merkmale.

Lösung von Aufgabe 62

Tiere sind der Steinkrebs, der Steinbock und der Steinadler.

Lösung von Aufgabe 63

Das Einteilungsprinzip war nicht zu schwer zu entdecken. Oben sind die Haustiere, unten die wild lebenden Tiere. Auf der linken Seite sind die Vögel, auf der rechten die Säugetiere. Also gehört der Steinbock zum Bären, der Reiher zur Eule und das Pferd zum Hund.

Lösung von Aufgabe 64

Diese Aufgabe war ziemlich trickreich. Der Code besteht immer aus denselben Ziffern, aus drei Nullen sowie den Ziffern 1, 2, 3 und 7. Nur die Reihenfolge ist für jeden Zugangsberechtigten verschieden. Herr Sauer hat seine Zahl vergessen – oder etwas Falsches «aufgeschnappt».

Lösung Zusatzaufgabe von Seite 66

Bei Nr. 62 geht es um Generalisierung, bei 63 um Kreuzklassifikation und bei Nr. 64 um Diskrimination.

Lösung von Aufgabe 65

Versuchen Sie, die Aufgabe rein gedanklich zu lösen. Erst wenn Sie damit nicht zurande kommen oder zur Prüfung sollten Sie folgenden Tipp beherzigen. Sie machen es sich leichter, wenn Sie Mengendiagramme bilden. Für Fall 1 könnte das Diagramm so aussehen.

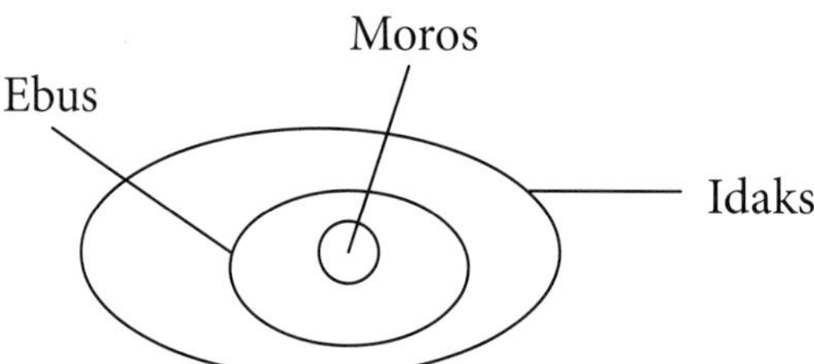

Nun ist klar: Es können nicht alle Idaks Moros sein, und nicht alle Ebus können Moros sein. Wohl aber gilt, dass alle Moros Idaks sind. In Fall 2 ist die dritte Schlussfolgerung richtig. Prüfen Sie das doch bitte durch Mengendiagramme nach. Dabei überschneiden sich nicht alle Mengen komplett wie in Fall 1. In Fall 3 stellt sich das Mengendiagramm wieder etwas anders dar. Auch dort ist die dritte Schlussfolgerung korrekt.

Lösung von Aufgabe 66

Innerhalb eines Astes ist es gleichgültig, welche Nummer Sie gegeben haben. Wichtig ist nur die Zuordnung zum richtigen Ast.
1, 2, 3: Radio- und Fernsehmechaniker, Elektroinstallateur, Starkstromelektriker
4, 5, 6: Graveur, Goldschmied, Messerschmied
7, 8, 9: Uhrmacher, Dreher, Kfz-Mechaniker
10, 11, 12: Klempner, Schlosser, Stahlbauschlosser

Lösung von Aufgabe 67

Hier werden die Zahlen systematisch umgestellt (permutiert). In Zeile 1 ist 456 zu ergänzen, in Zeile 2 ist 798 hinzuzufügen. 879 kommt in Zeile 4 und 645 in Zeile 5. Beachten Sie das System der Änderung, sodass in der letzten Zeile jeweils die Umkehrung der ersten Zeile steht.

Lösung von Aufgabe 68

In der Entwicklung zum Homo sapiens tritt die Wölbung des Gehirns immer mehr hervor, während sich der Unterkiefer zurückzieht. Der Schädel an dritter Stelle gehört ganz nach unten. Es handelt sich um den Schädel des modernen Menschen.

Lösung von Aufgabe 70

Hier ist die ausgefüllte Tabelle

	Spender				
		0	A	B	AB
Empfänger	0	+	–	–	–
	A	+	+	–	–
	B	+	–	+	–
	AB	+	+	+	+

Haben Sie vielleicht Spender und Empfänger vertauscht? Also Zeilen und Spalten?

Lösung von Aufgabe 71

Hier geht es um die geschichtliche Entwicklung. Die Halogenlampe ist allerdings falsch eingeordnet. Sie gehört an die letzte Stelle.

Lösung von Aufgabe 72

Das entlaufene Geoschaf hat einen dreieckigen Kopf und einen rechteckigen Körper. Begründung: In jeder Zeile (und in jeder Spalte) kommt jede Kopfform einmal und jede Körperform einmal vor. Wenn das erkannt ist, braucht man nur festzustellen, was in der letzten Zeile fehlt.

Lösung Zusatzaufgabe

Unter den letzten zehn Aufgaben gibt es keine, die nach dem genau gleichen Schema gebaut ist. Recht ähnlich ist aber Aufgabe 67 gebildet, auch wenn sie mit Zahlen handelt. In der mittleren Spalte kommen nur die Ziffern 5, 6, 7 und in der rechten Spalte nur die Ziffern 7, 8, 9 vor, wobei sie immer nur in der Reihenfolge neu kombiniert sind.
Angenommen, in Aufgabe 72 seien die Formen so durch Ziffern repräsentiert: Kreis (1), Rechteck (2) und Dreieck (3). Die drei Zeilen für den Kopf lauten dann 123, 312, 231, und für den Rumpf lauten sie 213, 132, 321.

Lösung von Aufgabe 73

Das war ja wohl einfach. In der ersten Zeile sollten Sie die Zahlen 8, 24 und 36 stehen haben, in der mittleren Zeile die 10, 15 und 45, in der letzten Zeile die 14, 21 und 63.

Lösung von Aufgabe 74

Haben Sie es bemerkt? Es sind alles linke Hände bis auf eine. Von oben ausgehend sind in der zweiten Reihe drei Hände nebeneinander gezeichnet. Die letzte ist eine rechte Hand.

Lösung von Aufgabe 75

Von links nach rechts wird die Farbe der Hölzer heller, und die oberen Hölzer sind stets härter als die unteren. Aus den Texten geht das klar hervor.

Lösung von Aufgabe 76

Tatsächlich ist es schwierig, die Fragezeichen zu ersetzen. Am einfachsten ist das noch für die Zeilen. In der ersten Zeile stehen Substantive (Hauptwörter), in der zweiten Verben (Zeitwörter), in der dritten Adjektive (Eigenschaftswörter) und in der vierten Präpositionen (Verhältniswörter). Aber ein Problem stellt sich mit den beiden Spalten. Hier die Lösung: In der ersten Spalte finden sich nur zusammengesetzte Wörter, in der zweiten Spalte nur einfache Wörter. Der Rest ist jetzt doch leicht – nicht wahr?

Lösung von Aufgabe 77

Aus dem Vergleich der ersten beiden Waagen können Sie entnehmen, dass die Birne so viel wiegt wie die Zitrone und der Apfel so viel wie die Banane. Also sind drei Bananen und eine Zitrone erforderlich, um die untere Waage ins Gleichgewicht zu bringen.

Lösung von Aufgabe 78

Lösung von Aufgabe 78: Im ersten Teil des Glücksrads wird immer eins mehr addiert: +1,+2, +3. +4, +5, +6, +7. Dann ist die Zahl 72 erreicht. Von nun an geht es abwärts, allerdings wachsen die Abwärtsschritte immer um zwei: –2, –4, –6, –8, –10, –12, –14, –16. Der Fehler liegt beim Schritt –10: Das Ergebnis muss dann 42 statt 40 lauten.

Lösung von Aufgabe 79

Die Lösungen lauten so: Auto – Benzin, Fahrrad – Muskelkraft, Flugzeug – Kerosin, Solarflugzeug – Sonnenenergie, Dampflok – Kohle, Segelflugzeug – Wind, Atom-U-Boot – Atomkraft, Schwebebahn – Elektrizität.

Lösung Zusatzaufgabe

Beim Glücksrad geht es um Zahlenfolgen. Dabei sind Beziehungen zwischen den Zahlenpaaren zu beachten. In beiden Fällen ist zu entdecken, dass die *Veränderung* immer gleich ist (immer 1 im aufsteigenden Fall, immer 2 im absteigenden Fall). Beim Abstieg ist zu entdecken, dass einmal ein *Unterschied* besteht, der nicht korrekt ist.
In Aufgabe 73 mussten Zahlen eingeordnet – klassifiziert – werden. Das geschieht nach Merkmalen. Das entscheidende Merkmal war hier die Teilbarkeit der Zahlen. Bei der Einordnung musste man auf Gleichheit *und* Verschiedenheit achten, da zwei Merkmale gleichzeitig zu berücksichtigen waren. Die 10 und die 45 konnten zum Beispiel nicht in ein Feld gesteckt werden, obgleich beide durch 5 teilbar sind (gemeinsames Merkmal). Sie unterscheiden sich aber in der Teilbarkeit durch 2 und durch 3.

Merken Sie sich also: Es kommt auf *Vergleichen* an, und Vergleichen heißt, *Gleichheit* und/oder *Verschiedenheit* zu beachten. Zu vergleichen sind manchmal *Merkmale* (Attribute) von Dingen, manchmal *Beziehungen* (Relationen) zwischen Dingen.

Lösung von Aufgabe 80

1 g hat 1000 mg (Milligramm). 10 Halbkaräter wiegen also 1 g.
10 Halbkaräter ergeben 5 Karat. Für 1 g braucht man also 5 Karat.

Lösung von Aufgabe 81

In den Objekten der linken Spalte kann man übernachten, in denen der rechten Spalte nicht. In der ersten Zeile befinden sich Fahrzeuge, die aus eigener Kraft fahren können. Die Fahrzeuge der zweiten Zeile müssen gezogen werden. In der dritten Zeile sind überhaupt keine Fahrzeuge, sondern wenig bewegliche Objekte. Das Wohnmobil gehört nach oben links, der PKW nach oben rechts. Schubkarre und Kutsche können in die mittlere Zeile rechts eingeordnet werden. Das Zelt kommt nach unten links, die Waschmaschine nach unten rechts. Der Wohnanhänger bleibt also alleine.

Lösung von Aufgabe 82

Die Zulage ist abhängig von der fertiggestellten Stückzahl. 150 Euro gibt es für 500 Stück. Für 1 Stück gibt es demnach 150 : 500 = 0,30 Euro. Also muss die Zulage stets durch 0,30 (oder durch 3) teilbar sein. Das ist nur bei der Zulage vom Montag nicht der Fall (blauer Montag?).

Lösung von Aufgabe 83

Gutdünken bedeutet soviel wie Ermessen, Guthaben ist eine Geldforderung, z. B. an eine Bank, Hagestolz heißt ein (alt gewordener?) Junggeselle, obsolet bedeutet veraltet, Genugtuung bedeutet Wiedergutmachung, Fresko ist ein Wandgemälde (auf Kalk), frenetisch nennt man einen rasenden Beifall, Kadett ist ein Offiziersanwärter, lasieren bedeutet dünn lackieren, das Wort «okkult» bedeutet «verborgen», Trendel ist ein Kreisel. Der Wortstamm ist gebräuchlicher im Verb «trendeln». Auswalken bedeutet glatt rollen und bramarbasieren prahlen.

Lösung Zusatzaufgabe

Die Aufgaben 82 und 83 erfordern (wie viele andere dieses Trainingsprogramms) ein Vergleichen. In 82 muss jeder Zuschlag geprüft werden, ob er die notwendige Eigenschaft der Teilbarkeit mit den anderen Zuschlägen gemeinsam hat oder ob er sich in dem Punkt von den anderen unterscheidet. In Aufgabe 83 muss jede Auswahlantwort daraufhin geprüft werden, ob sie die gleiche Bedeutung wie das Zielwort hat oder eine andere Bedeutung. In beiden Aufgaben führen also Vergleichsprozesse zum Ziel – und zwar sind in beiden Merkmale zu vergleichen, mal Merkmale von Zahlen, mal Merkmale von Wörtern. Vergleichen bedeutet auch hier wie immer, auf Gleichheit und Verschiedenheit zu achten, Gemeinsamkeiten und Unterschiede zu erkennen. Merken Sie sich also: Es kommt auf *Vergleichen* an, und Vergleichen heißt, *Gleichheit* und/oder *Verschiedenheit* zu beachten. Zu vergleichen sind manchmal *Merkmale* (Attribute) von Dingen, manchmal *Beziehungen* (Relationen) zwischen Dingen.

Lösung Zusatzaufgabe von S. 83

Aufgabe 74 Diskrimination, 75 Systembildung, 76 Kreuzklassifikation, 78 Beziehungsunterscheidung, 79 Beziehungserfassen, 83 Generalisierung.

Lösung von Aufgabe 85

Die Abfolge der Bilder 1 bis 5 ist in Ordnung. In Bild 6 brennt aber schon die Kerze, die erst in 7 angesteckt wird. Bild 6 muss unmittelbar vor Bild 10 kommen: In Bild 6 zerrt der Betrunkene am Handtuchhalter, der in 10 nachgibt, und der Sturz hat dann dramatische Folgen. Die Reihenfolge ist also 1 – 5, 7 – 9, 6, 10 – 13.

Lösung Zusatzaufgabe

Die Aufgaben 64 und 85 sind durch Vergleiche lösbar. In Aufgabe 85 sind die Beziehungen zwischen den Bildern entscheidend. Ein Bild ist dann richtig nummeriert, wenn es unmittelbar auf das vorausgehende folgt, und das ist hier ja nur bis Bild 5 der Fall. Bei Aufgabe 64 liegen die Dinge anders. Da kommt es entscheidend auf Merkmale an. Herr Sauer hat die Zahl 2 mit der Zahl 5 verwechselt, also ein wichtiges Merkmal durch ein anderes ersetzt.

Lösung von Aufgabe 86

Wohnungsangebote: 1, 6; Wohnungssuche: 3, 7, 8; Verkaufsangebote: 2, 4, 5, 9.

Lösung von Aufgabe 87

Alle Städte haben einen Seehafen, nur Ludwigshafen nicht. Es hat einen Binnenhafen.

Lösung von Aufgabe 88

Vier Fehler hatten sich eingeschlichen. Haben Sie die gefunden? Zeile 3: «Volke» statt «Volk». Zeile 7: Statt «tadelhaft» steht da «tadelnswert». Zeile 9: Es muss «Gefäß» und nicht «Gesäß» heißen. 11. Zeile: Falsch ist «fragte»; im Original steht «sagte».

Lösung von Aufgabe 89

Zeile für Zeile finden Sie hier die Zahlen. 3 – 2 – 1 / 1 – 1 – 2 / 2 – 3 – 1 / 2 1 – 2 / 3 – 2 – 2 / 2 – 2 – 3 / 2 – 2 – 2 / 1 – 3 – 2 / 2 – 3 – 2 / 3 – 2 – 3 / 2 – 3 – 2 / 3 – 1 – 3. Sollten Sie mal zu einem anderen Ergebnis gekommen sein, so prüfen Sie bitte noch einmal nach. Denkbar wäre allerdings, dass Sie eine Überlegung angestellt haben, die ebenfalls vertretbar ist.

Lösung Zusatzaufgabe

Hier ergaben sich die Werte. 1 – 1 – 2 / 2 – 1 – 2 / 1 – 1 – 2 / 2 – 2 – 2 / 3 – 2 – 3 / 2 – 2 – 2

Lösung von Aufgabe 90

Das Problem stellte sich nach der Figur 6. Zur nächsten Figur 2 kommt nicht etwas hinzu, sondern etwas weg, der Stern. Wegnehmen ist ja auch eine *Veränderung*. Die Reihenfolge lautet also 5, 4, 3, 6, 2, 1, 7, 8.

Lösung von Aufgabe 91

Die Formel für Heptan lautet C7 H16. Man kann das Ergebnis auf zweierlei Weise finden. *Weg 1:* 1 Kohlenstoffatom bindet 4 Wasserstoffatome (Methan). Jedes weitere Kohlenstoffatom bindet zusätzlich 2 Wasserstoffatome. Da Heptan 2 Kohlenstoffatome mehr hat als Pentan, muss es 4 Wasserstoffatome mehr haben, also 16. *Weg 2:* Man kann sich auch eine Formel ableiten. Steht n für die Zahl der Kohlenstoffatome, so beträgt die Zahl der Wasserstoffatome 2n + 2. Prüfen Sie es nach.

Lösung von Aufgabe 92

Zu Wappen A gehört Bruchstück 4, zu Wappen B Bruchstück 1 und zu Wappen C Bruchstück 2. Wichtig war, auch die Randmuster zu beachten.

Lösung von Aufgabe 93

Frage 1: In vier Arbeitsschritten ist der Stern fertig, egal wie man vorgeht. Frage 2: Genau sechs verschiedene Wege sind möglich. Frage 3: Ausgehend vom mittleren Stern der unteren Zeile ist je ein kleiner Kreis an den beiden noch freien Plätzen anzubringen. Frage 4: Von links nach rechts kommt erst ein Kreis, dann kommen zwei Kreise hinzu.
Von oben nach unten kommt erst ein Doppelkreis hinzu, danach sind es immer zwei Doppelkreise.

Ein Tipp zu Aufgabe 94, wenn Sie den Täter nicht haben:

Wirklich präzise sind nur die Zeitangaben. Das gibt zu denken. (Die Lösung finden Sie auf Seite 142).

Lösung von Aufgabe 95

Es sind 190 *b* und 174 *p*.

Lösung von Aufgabe 96

Wenn Sie die kleinen Blöcke und die Verbindungslinien unter den Käfern beachtet haben, sollten Sie das Prinzip entdeckt haben: Kommt von jedem Elternteil dieselbe Farbe (schwarz oder weiß), so erhält der Nachkömmling ebenfalls diese Farbe. Vererben die Eltern unterschiedliche Farben, so bekommt der Nachkömmling eine graue Farbe. Von den vier fehlenden Käfern wird also einer schwarz, einer weiß, und zwei werden grau.
Wie die Abbildung zeigt, ist die Anlage (das Gen) des Merkmals Farbe doppelt vorhanden, und jeder Nachkömmling erhält je ein Gen von jedem Elternteil. Erst in der Enkelgeneration tauchen die ursprünglichen Farben wieder auf. In der Vererbungslehre heißt dieser Erbgang intermediär.

Lösung von Aufgabe 97

Wenn Sie die duale Zahl in das System eintragen, stellen Sie fest, dass es sich um die Zahl 27 handelt, die ungerade ist. Das gilt für jede duale Zahl, deren letzte Ziffer eine 1 ist – stimmt's? Und haben Sie bemerkt, dass sich das Stellensystem von rechts nach links von Stelle zu Stelle verdoppelt? Links vor die 64 gehört also die 128.

Lösung Zusatzaufgabe

Im Dezimalsystem verdoppelt sich nicht der Wert der Stellen von rechts nach links, sondern verzehnfacht sich: Tausender, Hunderter, Zehner, Einer.

Lösung von Aufgabe 98

Jeder höher stehende Begriff sollte den niedrigeren einschließen. Der Roman besteht aus Text, und der Text ist in Kapitel gegliedert. Also sind Text und Kapitel auszutauschen. Man könnte sogar überlegen, den Text nach ganz oben zu nehmen, denn Romane sind nur eine besondere Sorte von Texten. Am Ende der Reihenfolge stimmt auch etwas nicht. Buchstaben umfassen beide, Vokale und Konsonanten. Also ist Buchstabe der übergeordnete Begriff. Vokal und Buchstabe müssen ausgetauscht werden.

Lösung von Aufgabe 99

Wenn das Muster komplett ist, hat man eine spiegelbildliche Anordnung vor sich. Gespiegelt wird an einer Diagonalen (also von links oben nach rechts unten oder von rechts oben nach links unten). Wenn Sie richtig nachfärben, sehen Sie es bestimmt. Zunächst einmal sind die beiden großen Diagonalen nicht in Ordnung: 2B, 12B und 10J vervollständigen sie. 7M ist das Gegenstück zur schon verlegten 7A. Schließlich fehlen noch 4G und 11H.

Lösung von Aufgabe 94

Nick war der Täter. Am Nachmittag brauchte er nur eine Viertelstunde vom Haus des Onkels bis zu seiner Wohnung (Aussagen des Dieners und der Mutter). Am Abend fuhr er jedoch um Viertel vor neun los, klingelte aber erst – nach Aussagen des Dieners – um 21.20 Uhr. Er hatte also gut 15 Minuten Zeit für sein Vorhaben.

Lösung von Aufgabe 100

Familie BRECHEN: Bruch, Verbrechen, Brocken, Gebrechen, brüchig, brach, bröckelig.
Familie BAUEN: Erbauer, Bebauung, Bauten, Fuchsbau, Gebäude, Anbau, Bergbau.
Familie BRENNEN: Brennerei, Brenner, Brand, angebrannt, Branntwein, Brandmal, Brennpunkt.
Familie BIEGEN: verbogen, Bogen, Verbeugung, Biegung, Kniebeuge, biegsam.

Lösung von Aufgabe 101

An vierter Stelle hat Schwarz gezogen, obwohl Weiß an der Reihe war.

Lösung von Aufgabe 102

Die Getränke sind offensichtlich nach dem Alkoholgehalt geordnet. Sherry hat aber einen höheren Alkoholgehalt als Wein. Die beiden müssten vertauscht werden. Aber vielleicht sind Sie nicht so sehr für Alkohol. Wilhelm Busch zeigt ja, wohin Alkohol führen kann.

Lösung von Aufgabe 103

Bei Aufgabe 1 ist die erste Schlussfolgerung richtig, bei Aufgabe 2 ist kein Schluss möglich, bei Aufgabe 3 gilt der Schluss, dass das Dreieck rechts vom Halbmond liegt.

Lösung von Aufgabe 104

1) Lösung: n. Regel: Jeder 2. Buchstabe.
2) Lösung: ww. Regel: Jeder 2. Buchstabe, Verdoppelung des zweiten Buchstabens.
3) Lösung: p. Regel: 2 Buchstaben auslassen, 2 in umgekehrter Reihenfolge.
4) Lösung: v. Regel: 0 auslassen, 1 auslassen, 2 auslassen, 3 auslassen, 4 auslassen, 5 auslassen.
5) Lösung: e. Regel: Wie 4. Aufgabe, nur rückwärts.
6) Lösung: 6. Regel: +1,+1,-1,+1,+1,−1. 7) Lösung: 6. Regel: −8,+7,−6,+5,−4,+3.
8) Lösung: 24. Regel: −8,+5. 9) Lösung: 69. Regel: ×3,−3. 10) Lösung: 11. Regel: : 4,+8.

Lösung von Aufgabe 106

Die Vermehrungsraten steigen in der Zeit exponentiell an. In den Zeilen und Spalten steigen die Werte nach der Regel x^1, x^2, x^3, x^4 an. In der Zeile von 20° ist x = 4; demnach ist 16 zu ergänzen. In der Zeile von 25° ist 8 und in der von 30° ist 16 einzutragen. In der Zeile von 15° ist x = 2, sodass 4, 8 und 16 einzusetzen sind.

Lösung von Aufgabe 107

Durch die Vorgaben für die Antworten wurde schon klar, dass 6 Instrumente falsch eingeordnet sind. Ganz unten links ist ein Bass, der nach oben rechts gehört. In der Hörnergruppe oben links ist eine Geige, die ganz nach unten gehört. Dafür muss das Horn, das oben neben der Pauke steht, zu den Hörnern, und die Pauke rechts außen muss oben eingeordnet werden. Direkt unterhalb der richtig eingeordneten Pauke sind eine Posaune und eine Trompete vertauscht worden.

Lösung von Aufgabe 108

Der Pfeil in den Zeilen, also der von links nach rechts bedeutet «… ist kleiner als …». Der Pfeil in den Spalten, also von oben nach unten, bedeutet «… ist weiter entfernt von der Sonne als …». Um den gesuchten Planeten zu entdecken, liest man zwei der drei Pfeile am besten umgekehrt. Der gesuchte Planet muss also größer sein als der Mars und näher an der Sonne als der Saturn. Außerdem muss er weiter entfernt von der Sonne als die Erde sein. Das trifft nur auf den Planeten Jupiter zu.

Lösung von Aufgabe 109

Nein, der Aralsee gehört nicht zu den europäischen Seen.

Lösung von Aufgabe 110

Nicht richtig interpretieren die Aussage Nr. 1, 6, 10 und 11 die Meinung von Kant.

Lösung von Aufgabe 111

Hier war gefordert, die Beschreibungen zu interpretieren und deren Aussage mit den Abbildungen zu vergleichen. Loden hat die Abbildung 4, Tweed 3, Samt 5, Jersey 1, Fresko 2. Die Abbildung für das Halbleinen hat der Azubi verloren.

Lösung von Aufgabe 112

In den Zeilen gilt die Beziehung «… fliegt besser als …». Die Änderung betrifft also das Merkmal der Flugfähigkeit. In den Spalten gilt die Beziehung «… lebt in wärmeren Regionen als …». Hier ändert sich der Lebensraum der Vogelart.

Lösung von Aufgabe 113

Es sind 3 × 3 Felder oder Platten. Eine gute Strategie wäre, zwei Platten zeilenweise zu vergleichen, besonders wenn man sich die Zeilen leicht ansteigend und gekrümmt auswählt. Acht Platten sind einander völlig gleich. Nur bei der Platte in der Mitte unten sind sechs Elemente zusätzlich zu finden. Sie sind hier markiert.

Lösung von Aufgabe 114

Im Bündchen unterscheiden sich die vier Abbildungen nicht. Der beschriebene Armausschnitt trifft für die beiden rechts abgebildeten Teile nicht zu, sodass nur noch zwei verbleiben. Schließlich trifft die Beschreibung des Schulterabschlusses nur auf die Abbildung unten links zu.

Lösung von Aufgabe 115

Es heißt zu Anfang, dass die Luft in einem Verdichter komprimiert wird. In Abbildung 1 und 2 ist der Verdichter angegeben, aber in 3 steht dort «flüssige Luft». Somit scheidet Abbildung 3 aus. Es heißt dann, anschließend werde die Luft mit einem Wasserkühler gekühlt. Damit scheidet Abbildung 1 aus und es verbleibt Abbildung 2.

Lösung von Aufgabe 116

Das war leicht! Im Halbfinale stehen 4 Spieler, im Viertelfinale 8 und im Achtelfinale 16.

Lösung von Aufgabe 117

Wenn man in das Schlafzimmer eintritt, so ist das Fenster auf der linken Seite. Damit scheiden die Grundrisse C und D aus. Da sich das Fenster nahe der rechten Ecke befindet, kann nur B richtig sein.

Lösung von Aufgabe 118

Dass links Aufgaben mit Multiplikation und Division, rechts Aufgaben mit Addition und Subtraktion stehen, haben Sie wohl sofort gemerkt. Um weiterzukommen, musste man allerdings die Aufgaben ausrechnen: Die Aufgaben in den oberen Kästchen, also in den Kästchen I und III, haben 12 als Ergebnis, die Aufgaben in den unteren Kästen 20. Damit sind die restlichen Aufgaben leicht einzuordnen – bis auf Aufgabe c), die mit 14 als Ergebnis in keines der Kästchen gehört.

Lösung von Aufgabe 119

Die Zimmertanne findet sich in Abbildung 2, der Philodendron in Abbildung 3, der Schwertfarn in Abbildung 1, die Schefflera fehlt, und der Gummibaum steht in Abbildung 4.

Lösung von Aufgabe 120

Die Aufgabe kann grafisch gelöst werden, indem man die sechs hinzukommenden Punkte aufmalt. Elegant ist es aber, die Zahlenreihe zu beachten: 1, 3, 6, 10, 15: Erst (also von 1 nach 3) kommen 2 hinzu, dann 3, dann 4, dann 5 – und schließlich 6.

Lösung von Aufgabe 121

In der 8. Zeile finden sich nur Karten mit dem gleichen Wert. Das muss entsprechend für alle Zeilen gelten. In der letzten Spalte sind die Karten alle nach abnehmendem Wert geordnet – jedenfalls nach den Regeln vieler bekannter Kartenspiele wie zum Beispiel Skat oder Mau-Mau. Sie müssten vier Karten gefunden haben, die die Zeilenregel beziehungsweise die Spaltenregel durchbrechen.
Aber es gibt noch einen weiteren Fehler, den Sie nur erkennen konnten, wenn Sie auch die Farben beachtet haben. Schwarz und rot wechseln sich immer ab. In der 4. Zeile sind die Buben nicht abwechselnd nach der Farbe geordnet. In der vierten Spalte müsste ein Pik- oder Herzbube stehen.

Nachwort

Ein nützlicher Rückblick auf das Training

Sie werden ein vertieftes Verständnis für das Training bekommen, wenn Sie nun mit etwas Abstand versuchen, den Aufbau des Trainings zu durchdringen und besser zu verstehen. Dazu folgen hier einige Hinweise und Hilfen.

Wie Sie erfahren haben, enthält das Programm hauptsächlich Aufgaben des induktiven Denkens, daneben aber auch Aufgaben, die das Gedächtnis und die Konzentrationsfähigkeit schulen sollen, und schließlich noch einige deduktive Denkaufgaben. Daneben wurden an verschiedenen Stellen Informationen und Anregungen gegeben wie jetzt hier, über die Denkaufgaben des Trainings selbst nachzudenken und darüber, wie man sie am besten lösen kann. Man rechnet das Denken über Denken zu den metakognitiven Leistungen, die insgesamt recht anspruchsvoll sind. Auf den Seiten 19, 28, 48, 66, 79, 83 und 102 bekamen Sie Anregungen zu solchen metakognitiven Leistungen. Kurze Anregungen dieser Art erhielten Sie darüber hinaus zu den Aufgaben 16, 23, 43, 57 und 72.

Die Aufgaben zum induktiven Denken sind in sechs Aufgabenklassen unterteilt, die auf Seite 66 und 83 genauer erläutert wurden. Außerdem hatten Sie Gelegenheit, Aufgaben entsprechend einzuordnen. Wenn Sie das Programm von Aufgabe 1 bis Aufgabe 121 erneut durchgehen, sollten Sie in der Lage sein, alle Aufgaben in das nun folgende Schema einzuordnen. Das ist dann nun wirklich die endgültige letzte Aufgabe, aber Sie sollten sich ihr unterziehen. Sie hat den Vorteil, dass Ihnen danach vieles klarer sein wird als vorher. Insbesondere werden Sie sehen, dass die Aufgaben keinesfalls beliebig zusammengestellt worden sind.

Klassifikation der Aufgaben

Induktive Aufgaben	
Generalisierung	
Diskrimination	
Kreuzklassifikation	
Beziehungserfassung	
Beziehungsunterscheidung	
Systembildung	
Deduktive Aufgaben	
Gedächtnistraining	
Konzentrationstraining	

Die induktiven und deduktiven Denkprozesse und die mit ihnen verbundenen metakognitiven Leistungen werden im Alter am ehesten beeinträchtigt, ohne dass man dies bemerkt. Weil den induktiven Prozessen im Alltag eine viel größere Bedeutung als den deduktiven Prozessen zukommt, wurden Sie entsprechend sehr viel stärker in dem Training berücksichtigt. Erfahrungen mit Senioren ließen es darüber hinaus angezeigt erscheinen, das Erfassen von Beziehungen besonders intensiv zu üben. Es ist tatsächlich grundlegend für alle induktiven Leistungen, die nicht mit Klassifikationen zu tun haben. Übungen zum Gedächtnistraining sind ebenfalls relativ stark vertreten. Dabei sind in der nun folgenden Tabelle auch solche Aufgaben genannt, die nur eine kurze Anregung zum Gedächtnistraining bieten.

Klassifikation der Aufgaben

Induktive Aufgaben	
Generalisierung	1, 7, 12, 32, 37, 40, 55, 62, 83, 86, 89, 100, 111
Diskrimination	2, 5, 8, 14, 21, 31, 36, 38, 45, 51, 64, 74, 87, 107, 109
Kreuzklassifikation	3, 9, 15, 18, 22, 27, 43, 44, 46, 58, 63, 66, 73, 76, 81, 118
Beziehungserfassung	4, 6, 10, 13, 17, 19, 23, 34, 35, 39, 41, 46, 50, 52, 54, 61, 77, 79, 80, 90, 91, 92, 97, 99, 104, 110, 114, 115, 116, 117, 119, 120
Beziehungsunterscheidung	11, 16, 25, 30, 49, 68, 71, 78, 82, 85, 98, 101, 102, 121
Systembildung	26, 47, 53, 59, 67, 70, 72, 75, 93, 96, 106, 108, 112
Deduktive Aufgaben	20, 34, 65, 103
Gedächtnistraining	2, 5, 7, 11, 12, 15, 18, 24, 25, 26, 29, 33, 34, 35, 36, 38, 42, 43, 69, 84, 105
Konzentrationstraining	29, 39, 48, 60, 88, 94, 95, 113

Literatur zum Training von Senioren

Das theoretische Konzept, das dem Trainingsprogramm zugrunde liegt, ist dargestellt in:

Klauer, K. J. (1992). Entwicklung eines Trainingsprogramms zur Förderung des induktiven Denkens bei älteren Menschen. In K. J. Klauer & G. Rudinger (Hrsg.), *Kognitive, emotionale und soziale Aspekte des Alterns* (S. 37–57), Forschungsberichte des Landes Nordrhein-Westfalen Nr. 3247, Opladen: Westdeutscher Verlag.

Forschungen über die Wirksamkeit des Trainings findet man in den folgenden Arbeiten:

Klauer, K. J. (1992). Zum Training fluider und kristallisierter Intelligenzleistungen bei älteren Menschen: Konzept und Erprobung zweier Trainingsprogramme. *Zeitschrift für Gerontopsychologie und -psychatrie*, 5, 59–70.

Klauer, K. J. (1992). Wie verändert sich das induktive Denken älterer Menschen als Funktion des Trainingsniveaus? *Zeitschrift für Gerontopsychologie und -psychatrie*, 5, 141–153.

Klauer, K. J. (1994). Über den Einfluss eines Trainings zum induktiven Denken auf Variablen der fluiden Intelligenz und des Lernens bei älteren Menschen. *Zeitschrift für Gerontopsychologie und -psychatrie*, 7, 29–46

Klauer, K. J. (1995). Über die geistige Kompetenz im Alter. In H. C. Berghaus, K.-H. Knapie & U. Sievert (Hrsg.), *Ekel und Gewalt gegenüber alten Menschen – Sterbehilfe im Alter* (81–98), Köln: Kuratorium Deutsche Altershilfe.

Hasselhorn, M., Hager, W., Huber, M. & Gödecke, D. (1995). Intelligenz- und Denkförderung bei älteren Menschen: Eine Evaluation des Aachener Denktrainings für Senior(inn)en. *Zeitschrift für Gerontopsychologie und -psychatrie*, 8, 169–180.

Eine zusammenfassende Metaanalyse über 74 experimentelle Studien zur Erprobung des induktiven Denktrainings findet man in:

Klauer, K. J. und Phye, G. D. (2008). Inductive reasoning: A training approach. *Review of Educational Research,* 78, 85–123.

Inhaltsverzeichnis

Vorwort ... 5
Hinweise für die Benutzer ... 6

Aufgabe 1: Ein festlich gedeckter Tisch ... 7
Aufgabe 2: Da stimmt was nicht! ... 8
Aufgabe 3: Keine Angst vor Zahlen! ... 9
Aufgabe 4: Eine lockere Beziehung ... 10
Aufgabe 5: Ein Kinderspiel – aber aufgepasst!!! ... 11
Aufgabe 6: Plan der Diätassistentin ... 12
Aufgabe 7: Hier kommt zusammen, was zusammengehört 13
Aufgabe 8: Lasst Blumen sprechen ... 14
Aufgabe 9: Können Sie die Zitate einordnen? ... 15
Aufgabe 10: Eine Knobelaufgabe – oder kinderleicht? ... 16
Aufgabe 11: Von Pfeilen, die in die Irre weisen ... 17
Aufgabe 12: Drei Gemeinsamkeiten gesucht ... 18
Aufgabe 13: Gegensätze – paarweise ... 19
Aufgabe 14: Telefonnummern – aber nicht zum Auswendiglernen ... 20
Aufgabe 15: Etwas für Hundeliebhaber ... 21
Aufgabe 16: Mutter hilft Tochter ... 22
Aufgabe 17: Hier dürfen Sie Mikado spielen ... 23
Aufgabe 18: Aus der Volkshochschule ... 24
Aufgabe 19: Reisen bildet? ... 25
Aufgabe 20: Und jetzt eine wirklich verzwickte Knobelei ... 26
Aufgabe 21: Wie die Faust aufs Auge? ... 28
Aufgabe 22: Briefmarken sammeln ... 29
Aufgabe 23: Mathe – auch was für Nichtmathematiker? ... 30
Aufgabe 24 – Erster Teil: Trainieren Sie Ihr Kurzzeitgedächtnis ... 31
Aufgabe 24 – Zweiter Teil: Versuchen Sie, sich präzise zu erinnern ... 32
Aufgabe 25: Backe, backe Kuchen 33
Aufgabe 26: Wenn die Preise davonlaufen ... 34
Aufgabe 27: Und nun kommt's biologisch ... 35
Aufgabe 28: Zur Abwechslung mal wieder was zum Knobeln ... 36
Aufgabe 29: Ein Märchen – mit Tücken weil mit Lücken ... 37
Aufgabe 30: Den Störenfried ausfindig machen ... 38
Aufgabe 31: Auch hier ist ein Störenfried zu entdecken ... 38
Aufgabe 32: Zur Aushilfe im Bücherladen ... 39
Aufgabe 33: Platzhalter ersetzen ... 40
Aufgabe 34: Lückenbüßer gesucht ... 41
Aufgabe 35: Eine schweißtreibende Angelegenheit ... 41
Aufgabe 36: In der Stadtbibliothek ... 42
Aufgabe 37: Hier wird's ja kriminell! ... 43
Aufgabe 38: Eine Zahl passt nicht zu den anderen ... 44

Aufgabe 39: Fotogeschichten 45
Aufgabe 40: Helfen Sie, eine Stelle für Ihren Enkel zu suchen 46
Aufgabe 41: Eine Skala der Stärke von Erdbeben 47
Aufgabe 42 – Erster Teil: Und wieder: Lernen, Behalten, Erinnern 49
Aufgabe 42 – Zweiter Teil: Alte Bekannte wiedererkennen und neue entdecken 50
Aufgabe 43: Man muss nicht die Welt bereist haben, um die Aufgabe zu lösen 51
Aufgabe 44: Jetzt wird es sportlich 52
Aufgabe 45: In der Landesgartenschau 52
Aufgabe 46: ... auch eine Art von Beziehungskiste 53
Aufgabe 47: Römische Zahlzeichen studieren 54
Aufgabe 48: Tun Sie was für Ihre Konzentrationsfähigkeit 55
Aufgabe 49: Städtenamen entschlüsseln 56
Aufgabe 50: Eine Zahlenfolge ergänzen 57
Aufgabe 51: Unpassendes streichen 57
Aufgabe 52: Analogieaufgaben 58
Aufgabe 53: Ein Hauch von Technikgeschichte 59
Aufgabe 54: Schuhmode – historisch betrachtet 60
Aufgabe 55: Mit Köpfchen statt mit Glück 61
Aufgabe 56: Eine Tabelle vervollständigen 61
Aufgabe 57: Darf's vielleicht etwas Grammatik sein? 61
Aufgabe 58: Helfen Sie einer französischen Studentin 62
Aufgabe 59: Es blühen bunte Blumen 62
Aufgabe 60: Hier eine andere Konzentrationsübung 63
Aufgabe 61: Wer soll das bezahlen? 64
Aufgabe 62: Eins, zwei, drei 64
Aufgabe 63: Etwas für Tierfreunde 65
Aufgabe 64: Knacken Sie den Code? 66
Aufgabe 65: Eine Knobelei mit Außerirdischen 67
Aufgabe 66: Erstaunlich, was aus den Schmieden alles geworden ist 68
Aufgabe 67: Spiel mit Zahlen 69
Aufgabe 68: Entwicklung zum Homo Sapiens 69
Aufgabe 69: Gedächtnistraining für Profis – Erster Teil 70
Aufgabe 70: Wie ist das mit der Blutgruppenverträglichkeit? 70
Aufgabe 71: Eine Ausstellung besichtigen 71
Aufgabe 72: Hilfe, Geoschaf entlaufen! 71
Aufgabe 73: Das kleine Einmaleins können Sie doch noch! 72
Aufgabe 74: Reich mir die Hand, mein Leben 74
Aufgabe 75: Etwas für Antiquitätensammler und Hobbyschreiner 75
Aufgabe 76: Ordnung ist das halbe Leben 76
Aufgabe 77: Altmodische Balkenwaagen können es in sich haben 77
Aufgabe 78: Ist das Ihr Glücksrad? 78
Aufgabe 79: Preisausschreiben für Technikbegeisterte 79
Aufgabe 80: Was halten Sie von Edelsteinen? 80
Aufgabe 81: Verschiedene Dinge klassifizieren 80
Aufgabe 82: Hier hat sich jemand verrechnet 81

Aufgabe 83: Synonyme oder Wörter mit gleicher Bedeutung 82
Aufgabe 84: In der Kinderarztpraxis 84
Aufgabe 85: Ein Abenteuer in der Neujahrsnacht 85
Aufgabe 86: Beim Lokalanzeiger 86
Aufgabe 87: Heiteres Städteraten? 87
Aufgabe 88: Wissen Sie, was kollationieren bedeutet? 88
Aufgabe 89: Gegensätze ziehen sich an – oder auch nicht 89
Aufgabe 90: Abstrakte Figuren ordnen 90
Aufgabe 91: Das schaffen Sie auch ohne große Chemiekenntnisse 91
Aufgabe 92: Ein bisschen Heraldik 92
Aufgabe 93: Einen Weihnachtsstern basteln 93
Aufgabe 94: Wer ist der Täter? 94
Aufgabe 95: Sind Sie Legastheniker? 95
Aufgabe 96: Hier geht's um Vererbung – aber Sie schaffen das! 96
Aufgabe 97: Entdecken Sie das Prinzip des dualen Systems 97
Aufgabe 98: Auf die Reihenfolge kommt es an 98
Aufgabe 99: Ein Fliesenleger hat schlampig gearbeitet 99
Aufgabe 100: Wortfamilien 100
Aufgabe 101: Eine Mogelei aufspüren 101
Aufgabe 102: Alkoholische Getränke – aber nicht so früh am Tag 102
Aufgabe 103: Von Stern, Kegel, Kugel 103
Aufgabe 104: Reihen fortsetzen 104
Aufgabe 105: In der Kinderarztpraxis 105
Aufgabe 106: Vermehrungsraten von Bakterien 106
Aufgabe 107: Das Sinfonieorchester 107
Aufgabe 108: Ein Blick in unser Sonnensystem 108
Aufgabe 109: Jetzt fahr'n wir übern See 109
Aufgabe 110: Textinterpretation 110
Aufgabe 111: Verstehen Sie was von Textilien? 111
Aufgabe 112: Große Unterschiede zwischen Vogelarten 112
Aufgabe 113: Eine weitere Konzentrationsübung 113
Aufgabe 114: Etwas für Damen – aber den Herren schadet's auch nicht 114
Aufgabe 115: Etwas für Herren – aber den Damen schadet's auch nicht 115
Aufgabe 116: Ein großes Tennismatch 116
Aufgabe 117: Die neue Wohnung Ihrer jungen Leute 116
Aufgabe 118: Nicht nur eine kleine Rechnerei 117
Aufgabe 119: Zimmerpflanzen machen den Raum wohnlich 118
Aufgabe 120: Dreieckszahlen kennen Sie nicht? 119
Aufgabe 121: Und zum Schluss: Etwas Geduld für eine Patience 120

Lösungen 121
Nachwort 147
Literatur zum Training von Senioren 149